FENGCHANYE GUANLI
YU JISHU CHUANGXIN YINGYONG SHOUCE

蜂产业管理
与技术创新应用手册

姜风涛◎主编

山东科学技术出版社

图书在版编目(CIP)数据

蜂产业管理与技术创新应用手册/姜风涛主编. —济南:山东科学技术出版社,2018.5

ISBN 978-7-5331-9444-4

Ⅰ.①蜂… Ⅱ.①姜… Ⅲ.①养蜂业-管理规程-中国-手册 ②养蜂业-技术创新-手册 Ⅳ.①F326.35-62

中国版本图书馆 CIP 数据核字(2018)第 056501 号

蜂产业管理与技术创新应用手册

姜风涛 主编

主管单位:山东出版传媒股份有限公司

出 版 者:山东科学技术出版社

地址:济南市玉函路 16 号

邮编:250002 电话:(0531)82098088

网址:www.lkj.com.cn

电子邮件:sdkj@sdpress.com.cn

发 行 者:山东科学技术出版社

地址:济南市玉函路 16 号

邮编:250002 电话:(0531)82098071

印 刷 者:山东金坐标印务有限公司

地址:莱芜市嬴牟西大街 28 号

邮编:271100 电话:(0634)6276022

开本:850mm×1168mm 1/32

印张:7.75

字数:180 千

印数:1～5000

版次:2018 年 5 月第 1 版 2018 年 5 月第 1 次印刷

ISBN 978-7-5331-9444-4

定价:26.00 元

主　　编　姜风涛

副 主 编　刘新迎　娄德龙　胡智胜　秦浩然

编写人员　王桂芝　于世宁　陶家树　赵学峰

娄德龙　刘新迎　胡智胜　秦浩然

李研璨

唯改革创新者胜(序)

蜂产业是农业和食品工业的重要组成部分,被誉为“健康产业”“空中农业”“农业之翼”,既不与养殖业争饲料,又不与种植业争水土,利用自然界中的百花资源,便可获得蜂蜜、王浆、蜂胶等十多种蜂产品;还可以通过蜜蜂授粉,提高农作物品质,减少化学品使用量,对维护和促进生态环境建设、人民群众健康、现代农业发展具有重要作用。

山东省委、省政府对蜂产业高度重视,先后出台了《山东省蜂产业发展规划(2014—2020年)》《山东省蜂产业转型升级实施方案》和《关于加快我省蜂产业发展的通知》等政策,持续加大对蜂产业发展的支持力度,有力促进了全省蜂产业发展。作为我省蜂产业发展的“蜂王”——山东省蜂业良种繁育推广中心抓住机遇谋新篇,抓住关键搞突破,抓住转变强自身,抓住共赢促协调,坚持“高产、优质、高效、生态、安全”的蜂产业发展理念,以问题为导向,以提高养蜂生产能力和推广普及蜜蜂授粉增产技术为重点,以培植产业区域优势、提升科技创新能力、优化产品结构为核心,着力提升蜂产业的标准化、组织化和产业化发展水平,建立和完善了蜂产品质量监管体系,推动我省蜂产业科学发展,取得了不俗的业绩。目前山东省蜂产业已形成蜜蜂授粉、养蜂生产、蜂产品加工出口、优质蜜源四大优势区域,全省养蜂户数5 613户,蜂产业从业人员2万余人,蜂群存养量41多万群，养蜂合作社200多个（社员存养蜜蜂近34万群），全省年销售额过千万元的蜂产品加工企业达到10余家。依靠管理和科技创新走产出高效、产品安全、资源节约、环境友好的蜂产业现代化发展道路，已成为全社会的共识。蜂产业以其精彩的发展实践深刻昭示了“唯改革者进，唯创新者强，唯改革创新者胜”的道理。

但我们也要清醒地认识到，当前我省蜂产业依然存在总体规模不大、创新能力不强、标准化水平不高等问题，需要进一步扩大产业规模、加快创新转变、再造运行模式、突破约束“瓶颈”，蜂产业发展依然任重而道远。

机自危出，存在的困境也是产业发展需要突破的方向。《蜂产业管理与技术创新应用手册》就是这样一本适应蜂产业发展适时推出的书。本书编者在多年从事蜂产业科研与推广的基础上，立足于山东省蜂产业发展现状，围绕蜜蜂的饲养管理、产品质量安全、授粉规程、蜂产品生产技术规范以及支撑蜂产业发展的一系列政策和措施等方面展开论述，以地方养蜂主管部门的管理需要和蜂产业生产、经营、发展为出发点，以蜜蜂产业科学发展和转型升级为着眼点，以蜂农标准化操作应用为落脚点，整合具有针对性的蜂产业相关标准、规范、政策法规，紧扣实践，学以致用，是业内人士和有志于蜂产业发展的从业者很有价值的工具书和案头书。

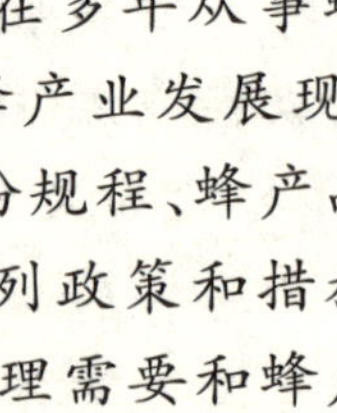

2017年10月

目录

一、蜜蜂饲养管理

蜜蜂饲养技术规范

Technical specification of beekeeping mannagement

NY/T 1160-2015

前言

本标准按照 GB/T1.1-2009 给出的规则起草。

本标准代替 NY/T 1160-2006《蜜蜂饲养技术规范》，与 NY/T 1160-2006 相比，除编辑性修改外，主要技术性修改内容如下：

增加蜂种选择相关内容；

增加了“记录”相关内容；

删除了强群饲养技术（“双箱体养蜂”和“双王体饲养”）一节，并入增长阶段管理一节；

修改了术语和定义；

修改了“蜂场保洁和消毒”“蜂机具及卫生消毒”内容；

修改了“蜜蜂病敌害防治”相关内容。

本标准由农业部畜牧业司提出。

本标准由全国畜牧业标准化技术委员会（SAC/TC274）归口。

本标准主要起草单位：中国农业科学院蜜蜂研究所、农业部蜂产品质量检测监督测试中心（北京）。

本标准主要起草人：吴黎明、韩胜明、周婷、石巍、赵静、陈黎红。

本标准的历次版本发布情况为：

NY/T 1160-2006

1　范围

本标准规定了蜜蜂饲养的养蜂场地、蜂场卫生保洁和消毒、蜂种、饲料、蜂机具及卫生消毒、蜂群饲养管理的常用技术、增长阶段管理、蜂产品生产阶段管理、越夏阶段管理、越冬准备阶段管理、越冬阶段管理、蜜蜂病敌害防治、记录等技术方法。

本标准适用于西方蜜蜂(*Apis mellifera*)的活框饲养。

2　规范性引用文件

下列文件对于本文的应用是必不可少的。凡注日期的引用文件,仅注日期的版本适用于本文件。凡是不注日期的引用文件,其最新版本适(包括所有的修改单)用于本文件。

GB 3095　环境空气质量标准

GB/T 19168　蜜蜂病虫害综合防治规范

NY/T 637　蜂花粉生产技术规范

NY/T 638　蜂王浆生产技术规范

NY/T 639　蜂蜜生产技术规范

NY 5027　无公害食品　畜禽饮用水水质

农业部农医发[2010]41号　蜜蜂检疫规程

农业部公告第193号　食品动物禁用的兽药及其他化合物清单

中华人民共和国国务院令第404号　兽药管理条例

3　术语和定义

下列术语和定义适用于本文件。

3.1　蜂群 colony

蜜蜂的社会性群体。是蜜蜂自然生存和人工饲养管理的基本单位。一个自然蜂群通常由1只蜂王、数千只数万只工蜂和数百至上千只雄蜂(季节性出现)组成。

3.2　巢脾 comb

蜂巢的组成部分,是由蜜蜂筑造的、双面布满六角形巢房的蜡质结构,是蜜蜂生活、繁殖、发育和贮存食物的场所。

3.3　群势 power of colony

衡量蜂群强弱的主要指标,通常用强、中、弱表示。

3.4　**蜂路** bee space

蜂箱内巢脾与巢脾、巢脾与箱壁之间蜜蜂活动的空间。

3.5　**蜂脾关系** bee density

蜜蜂在巢脾上附着的密集程度。常用蜂少于脾、蜂脾相称或蜂多于脾来表述。

3.6　**蜂脾相称** proportionality between bees and comb

每个巢脾两面均匀又不重叠地附着约 2 500 只工蜂，期间没有空隙。

3.7　**主要蜜粉源植物** mian nectar plant，mian pollen plant

数量多、分布广、面积大、花期长、蜜粉丰富，能生产商品蜂蜜或蜂花粉的植物。

3.8　**辅助蜜粉源植物** subordinate nectar plant，subordinate pollen plant

能分泌花蜜或产生花粉，并被蜜蜂采集利用，对维持蜜蜂生活和蜂群发展起作用的植物。

3.9　**有毒蜜粉源植物** poisonous nectar plant，poisonou pollen plant

产生的花蜜或花粉会造成蜜蜂或人畜中毒的蜜粉源植物。主要有雷公藤（*Tripterygium wilford*）、博落回（*Macleaya cordata*）、狼毒（*Stellera chamaejasme*）、羊踯躅（*Rhondodendrom molle*）、藜芦（*Veratrum nigrum*）、紫金藤（*Tripterygium hypoglaucum*）、苦皮藤（*Celastrus angulatus*）、乌头（*Aconitum carmichaeli*）、断肠草（*Gelsemium elegans*）等。

4　养蜂场地

4.1　蜜粉源植物

4.1.1　距蜂场半径 3 km 范围内应具备丰富的蜜粉源植物。定地蜂场附近要有 1 种以上的主要蜜源植物和种类较多、花期不一的辅助蜜粉源植物。

4.1.2　距蜂场半径 5 km 范围内有毒蜜粉源植物分布量多的地区，有毒蜜粉源植物开花期，不能放蜂。

4.2 蜂场环境和用水

4.2.1 蜂场周围空气质量符合 GB 3095 中环境空气质量功能区二类区要求。

GB 3095-2012 **中华人民共和国国家标准《环境空气质量标准 Ambient air quality standard》**

4 环境空气质量功能区的分类和质量要求

4.1 环境空气质量功能区分类

环境空气质量功能区分为二类：一类区为自然保护区、风景名胜区和其他需要特殊保护的区域；二类区为居住区、商业交通居民混合区、文化区、工业区和农村地区。

4.2 环境空气质量功能区质量要求

一类区适用一级浓度限值，二类区适用二级浓度限值。一、二类环境空气质量功能区质量要求见表 1 和表 2。

蜂场周围空气质量应符合表 1 和表 2 的规定。

表 1　　环境空气污染物基本项目浓度限值

序号	污染物项目	平均时间	浓度限值		单位
			一级标准	二级标准	
1	二氧化硫 SO_2	年平均	20	60	$\mu g/m^3$
		24 小时平均	50	150	
		1 小时平均	150	500	
2	二氧化氮 NO_2	年平均	40	40	
		日平均	80	80	
		1 小时平均	200	200	
3	一氧化碳 CO	24 小时平均	4	4	mg/m^3
		1 小时平均	10	10	
4	臭氧 O_3	日最大 8 小时平均	100	160	$\mu g/m^3$
		1 小时平均	160	200	
5	颗粒物(粒径小于等于 10 μm)	年平均	40	70	
		24 小时平均	50	150	
6	颗粒物(粒径小于等于 2.5 μm)	年平均	15	35	
		24 小时平均	35	75	

表 2　　环境空气污染物其他项目浓度限值

序号	污染物项目	平均时间	浓度限值		单位
			一级标准	二级标准	
1	总悬浮颗粒物 TSP	年平均	80	200	$\mu g/m^3$
		24 小时平均	120	300	
2	氮氧化物 NOx	年平均	50	50	
		24 小时平均	100	100	
		1 小时平均	250	250	
3	铅 Pb	年平均	0.5	0.5	
		季平均	1	1	
4	苯并[a]芘 B[a]P	年平均	0.001	0.001	
		24 小时平均	0.002 5	0.002 5	

4.2.2　蜂场附近应有便于蜜蜂采集的良好水源，水质符合 NY/T 5027 中幼畜禽的饮用水标准。

NY/T 5027-2008 中华人民共和国农业行业标准《无公害食品　畜禽饮用水水质》

畜禽饮用水水质应符合表 2 的规定。

表 2　　畜禽饮用水水质安全指标

项目		标准值	
		禽	畜
感官性状及一般化学指标	色	≤30°	
	浑浊度	≤20°	
	臭和味	不得有异臭异味	
	总硬度(以 $CaCO_3$ 计),mg/L	≤1 500	
	pH	5.5～9.0	6.5～8.5
	溶解性总固体,mg/L	≤4 000	≤2 000
	硫酸盐(以 SO_4^{2-} 计),mg/L	≤500	≤250
细菌学指标	总大肠菌群,MPN/100 ml	成年畜,幼畜和禽	

（续表）

项目		标准值	
		禽	畜
毒理学指标	氟化物（F^-计），mg/L	≤2.0	≤2.0
	氰化物，mg/L	≤0.20	≤0.05
	砷，mg/L	≤0.20	≤0.20
	汞，mg/L	≤0.01	≤0.001
	铅，mg/L	≤0.10	≤0.10
	铬（六价），mg/L	≤0.10	≤0.05
	镉，mg/L	≤0.05	≤0.01
	硝酸盐（以N计），mg/L	≤10.0	≤3.0

4.2.3 蜂场场址选择符合GB/T 19168 3.1的要求。

5 蜂场的卫生保洁和消毒

按照GB/T 19168 3.2和4.2的要求执行。

6 蜂种

6.1 选用适合当地环境条件和蜂场生产要求的蜂种。

6.2 不应从疫区引进蜂群、生产用蜂王或输入育王卵虫。

7 饲料

7.1 用蜜脾、分离蜜或优质白砂糖作为蜜蜂的糖饲料；用蜂花粉或花粉代用品作为蜜蜂蛋白质饲料。不明来源的蜂蜜、蜂花粉或未经消毒的蜂花粉不能喂蜂。

7.2 重金属污染、发酵变质的蜂蜜，陈旧、污染、发霉变质的蜂花粉或花粉代用品不能喂蜂。

7.3 不从疫区购买蜂蜜、蜂花粉或其他蜜蜂饲料。

8 蜂机具及卫生消毒

8.1 蜂机具

8.1.1 饲养西方蜂应选用朗氏标准蜂箱或符合当地饲养习惯的各式蜂箱。

8.1.2 蜂箱、隔王板、饲喂器、脱粉器、集胶器、取毒器、台基条、移虫针、取浆器具、起刮刀、蜂扫、幽闭蜂王和脱蜂器具等应无毒、无异味。

8.1.3　割蜜刀和分蜜机使用不锈钢或无毒塑料制成。

8.1.4　蜂产品储存器具应无毒、无害、无污染、无异味。

8.2　蜂机具卫生消毒

按 GB/T 19168 中蜂机具的卫生消毒要求执行。

9　蜂群饲养管理的常用技术

9.1　蜂群排列

9.1.1　蜂箱排列应根据场地的大小和地形地势摆放。蜂箱排列可采用单箱排列、双箱排列、一字形排列、环形排列。

9.1.2　蜂箱放置稳定，左右平衡，后部稍高于前部。

9.1.3　交尾箱巢门互相错开，并使相邻交尾箱前部颜色不同。

9.2　蜂群检查

9.2.1　箱外观察　观察蜜蜂飞翔、巢门前活动、死蜂及蜜粉采集情况，判断蜂群是否中毒，是否有盗蜂、螨害、白垩病、爬蜂综合征、分蜂热，是否失王等。

9.2.2　箱内检查

9.2.2.1　局部检查　选择部分巢脾进行检查。重点检查边脾储蜜情况，中心巢脾卵、虫和病害情况，是否失王和蜂脾关系等。

9.2.2.2　全面检查　逐脾检查。重点了解蜂群的群势、蜂王产卵、子脾、蜜粉贮存量、蜂脾关系、健康状况等。

9.3　蜂群饲喂

9.3.1　糖饲料饲喂

9.3.1.1　奖励饲喂　配制蜜水（蜜∶水＝2∶1）或糖水（糖∶水＝1∶1），于傍晚饲喂蜂群，视蜂群强弱每次饲喂量 100～500 g，以促进蜂王产卵和调动工蜂工作积极性。

9.3.1.2　补充饲喂　蜂群储蜜不充足时，可把蜜脾添加到边脾与隔板间或隔板外；或用蜜水（蜜∶水＝4∶1）或糖水（糖∶水＝2∶1），傍晚饲喂蜂群，直止喂足。

9.3.2　蛋白质饲料饲喂

9.3.2.1　加粉脾　直接把花粉脾加在边脾和隔板之间。

9.3.2.2　灌脾　用蜜水或糖水拌和蜂花粉或花粉代用品，抹入空巢房内，放入蜂群的隔板内饲喂。

9.3.2.3　框梁饲喂　用蜜水或糖水将花粉或花粉代用品调制成花粉饼，视蜂群强弱每次取 50～100 g 放于上框梁供蜜蜂取食，花粉饼上部用塑料薄膜或蜡纸覆盖。

9.3.3　喂水　可采用巢门喂水，巢内、蜂场饲水器喂水等。在水里添加少许食盐，浓度不超过 0.05%。

9.4　蜂群合并

9.4.1　直接合并

9.4.1.1　早春、晚秋气温较低，蜜蜂活动弱或大流蜜期，蜜蜂对群味不太敏感时，可以直接合并蜂群。

9.4.1.2　蜂群直接合并应就近进行，弱群并入强群，无王群并入有王群。

9.4.1.3　被并群若有蜂王，合并前一天将蜂王去除。合并前，彻底检查无王群，并清除王台。对失王已久的蜂群，合并前补给失王群 1～2 张幼虫脾，1～2 天后再并入它群。

9.4.2　间接合并　非流蜜期或失王较久，老蜂多、子脾少的蜂群进行合并时，应间接合并蜂群，并对蜂王采取保护措施。

9.5　分蜂热控制和自然分蜂处理

9.5.1　分蜂热控制

9.5.1.1　及时用优良新蜂王更换老蜂王。

9.5.1.2　蜂群增长阶段，适时加空脾和巢础，及时加继箱，扩大蜂巢。

9.5.1.3　生产蜂王浆。

9.5.1.4　及时取蜜，避免蜜压子脾。

9.5.1.5　抽调有分蜂热蜂群的封盖子脾给弱群或替换弱群中的卵虫脾。

9.5.1.6　每隔 7～9 天检查一次蜂群，毁净自然王台。

9.5.1.7　外界蜜粉源充足时，及时加巢础造脾。

9.5.2　自然分蜂处理

9.5.2.1　自然分蜂刚开始，蜂王尚未飞离蜂巢时，立即关闭巢门，打开蜂箱大盖，从沙盖上向巢内适当喷水，待蜂群安静后，开箱检查，囚闭蜂王，毁掉群内自然王台。

9.5.2.2　蜂王已飞出蜂巢，在附近树枝或建筑物上结团时，用收蜂笼或带有少量贮蜜的巢脾靠近蜂团，招引蜜蜂爬进蜂笼或巢脾上。待收到蜂王，将收回的蜜蜂和蜂王置于有巢础框、粉蜜脾的空箱中组成新蜂群；或者临时放在原群旁，彻底检查原群，清除王台后并入原群。

9.6　人工分群

9.6.1　单群平分

9.6.1.1　将原群向一侧移动 0.5～1.0 m，在原位一侧放置一个空蜂箱。

9.6.1.2　从原群中抽出约一半的带幼虫脾、封盖子脾、蜜粉脾放入空蜂箱中，不要将蜂王带出。子脾放置在蜂巢中心，边脾外加隔板，并将原群剩下的巢脾布置整齐。

9.6.1.3　次日，给新分群诱入一只产卵蜂王。

9.6.2　混合分群

9.6.2.1　从多个蜂群中各抽出 1～2 框带蜂的成熟封盖子脾或蜜粉脾，放置在一空箱中，并抖入一些幼蜂，组成一个新分蜂群。

9.6.2.2　次日，给新分蜂群诱入一个产卵蜂王。

9.7　诱王诱入

9.7.1　直接诱王

9.7.1.1　当外界蜜源条件较好，蜂群失王不久或新组织蜂群，各龄幼虫正常，幼蜂多、老蜂少，诱入的蜂王产卵力强，可直接将蜂王放入无王群。

9.7.1.2　诱入蜂王前，毁净无王群中的王台。

9.7.2　间接诱王

9.7.2.1　在外界蜜源不足或蜂群失王已久，用间接诱入法给无王群诱王。

9.7.2.2　间接诱入法包括诱入器、纸筒、扣脾等方法。

9.8　被围蜂王的解救

9.8.1　向围王球上喷以蜜水、清水或烟雾；也可以将围王球投入清水中，驱散围住蜂王的工蜂。

9.8.2　利用直接诱入法将被解救出的蜂王关入诱入蜂群。

9.8.3　如被解救蜂王已伤残，应及时淘汰。

9.9　巢脾的修造和保存

9.9.1　巢脾修造

9.9.1.1　使用24～26号铁丝，拉直拉紧，每个巢框拉3～4道，并保持在一个水平面上。

9.9.1.2　将巢础的一边插入巢框上梁内侧的槽沟内，同时将巢础放入拉好线的巢框内，安装牢固、平整。

9.9.1.3　使用埋线器等工具将巢础框上的拉线埋入巢础，保证巢础平整并不破损。

9.9.1.4　巢础框多加在蜜粉脾与子脾之间。在群强蜜粉足，气温较高时，也可将巢础框加在子脾之间。巢础框的数量应根据蜂群群势大小和蜜粉源情况而定。

9.9.2　巢脾保存

9.9.2.1　按蜜脾、粉脾、空脾分类装箱。巢脾须保存在干燥的房间内，堵严蜂箱裂缝。

9.9.2.2　密闭熏杀防治巢虫，熏杀方法参照GB/T 19168的规定执行。

9.9.2.3　有条件的蜂场可采用冷冻保存。

9.10　防止盗蜂

9.10.1　盗蜂预防

9.10.1.1　流蜜期结束后，调整或合并弱群，使蜂场内蜂群群势保持平衡。

9.10.1.2　堵严箱缝，缩小巢门。

9.10.1.3　蜂场周围不暴露白糖、蜂蜜、蜂蜡和巢脾等。

9.10.1.4　饲喂蜂群时，不要把糖液滴到箱外。滴到箱外的糖液，要及时用水冲洗或用土掩埋。

9.10.1.5　在蜜源缺乏时，一般不做开箱检查。必要时，在早、晚进行。

9.10.1.6　长年保持箱内有充足的蜜粉饲料。

9.10.1.7　放蜂场地蜂群密度较大时，蜜源开始流蜜后进场，花期结束后及时退场。

9.10.2　制止盗蜂

9.10.2.1　当少数蜂群被盗时，将巢门缩小到只能容 1～2 只蜜蜂出入，虚掩被盗群巢门。

9.10.2.2　将被盗群撤离原位，放在阴凉处隐藏，原址放一空蜂箱，内放 2～3 张空脾。巢门内插一根内径 1 cm、长 20 cm 的细管，外口与巢门平齐，堵严巢门缝隙。

9.10.2.3　2 天后将该蜂箱搬走，打开蜂箱盖让蜜蜂飞走，同时把原群搬回原处。

9.10.2.4　全场互盗，立即将整个蜂场迁离原场地 5 km 之外的地方。

9.11　蜂群移动

将蜂群进行数米内的移动。每天清晨或傍晚移动一次，每次前后移位不超过 1 m，左右移位不超过 0.5 m。

9.12　转地放蜂

9.12.1　调查放蜂目的地的蜜源面积、花期长势、载蜂量、泌蜜情况和花期的天气情况，确定摆放蜂群的位置等，规划好运输路线。

9.12.2　出省放蜂的蜂场，蜜蜂检疫按照农业部农医发[2010]40 号的规定执行。

9.12.3　在转地前 1～2 天做好蜂群的包装，调整强、弱群间的子脾、蜜脾及群势，并进行巢脾固定和蜂箱装订。

9.12.4　汽车运蜂装车，先装蜜蜂，后装用具；强群放车两侧，弱群放中间，绑扎固定。

9.12.5　火车运蜂，要留好通道，空箱、生活用品、蜂具装在车厢前部，强群装在通风好的地方，巢门向通道。

9.12.6　转运途中，保持蜂群安静，注意遮阴、通风、喂水、洒水降温。骚动严重的蜂群，打开巢门放走部分老蜂。

9.12.7　到达目的地后，尽快把蜂群搬到放蜂场地排列好，等蜂群安静后打开巢门。傍晚或翌日早晨调节巢门，拆除包装，检查、处理死蜂、无王群和缺蜜群。

10　增长阶段管理

10.1　促进蜜蜂排泄

10.1.1　在当地最早的蜜粉源植物开花前 20 天左右，选择气温 8℃以上、晴暖微风的天气，促进蜜蜂出巢飞翔、排泄。

10.1.2　室内越冬的蜂群，搬出越冬室排泄时，放在高燥背风向阳处，单箱排列或双箱排列，预防蜜蜂偏集。排泄后一般不再搬回室内，直接包装保温。

10.1.3　在蜜蜂飞翔排泄时进行箱外观察，及时发现蜂群存在的问题，对不正常的蜂群及时开箱检查处理。

10.2　整理蜂巢

10.2.1　在排泄飞翔后，结合第一次蜂群全面检查进行。

10.2.2　清除蜂箱底部的蜂尸、蜡屑等物。若蜂箱、巢脾被毁坏或受潮霉变，则更换蜂箱、巢脾。

10.2.3　抽出多余巢脾，加入花粉脾，对缺蜜群补充蜜脾，保持蜂多于脾。

10.2.4　对无王群，视群势大小诱入储备蜂王，或并入有王群。

10.2.5　对于弱群则并入他群，或双群同箱饲养。

10.3　调节巢温

10.3.1　进行箱外保温和箱内保温。箱内保温物随着加脾扩巢逐步撤去。当外界气温稳定在12℃以上时，可逐步撤去包装物。

10.3.2　晴天中午气温高时，将巢门放大；早晚和温度低时缩小巢门。

10.4　治螨防病

10.4.1　在蜂群内无封盖子时治螨。若有少量封盖子，先切开封盖子房盖。

10.4.2　患病蜂群进行隔离治疗或销毁。

10.5　饲喂

10.5.1　保证巢内储蜜充足。对储蜜不足的蜂群进行补助饲喂。

10.5.2　为了促进蜂群恢复和快速增长、造脾等，进行奖励饲喂。

10.5.3　蜜蜂在外界采水困难时，需给蜂群喂水。

10.5.4　巢内缺粉时，应及时加入花粉脾或饲喂蜂花粉或花粉代用品。

10.6　扩大蜂巢

10.6.1　扩大产卵圈　每12天检查一次。当蜂王产卵受到存蜜的限制时，割开蜜房盖。

10.6.2　加脾扩巢　蜂巢内巢脾上的子圈都扩大到巢脾下沿时，适当增加巢脾。

10.6.3　加继箱

10.6.3.1　巢箱子脾满箱后加继箱，从巢箱提出3～4张封盖子脾或大幼虫脾及1张蜜粉脾放在继箱一侧，外加隔板，其余子脾和蜜粉脾保留在巢箱，在巢箱和继箱之间加隔王板。

10.6.3.2　每10～12天调整一次蜂巢，将空脾和正在出房的封盖子脾调到巢箱中供蜂王产卵，将刚封盖的子脾和大幼虫脾调到继箱中。根据蜂脾关系，适当增减巢脾数量。

10.7　双王同箱

10.7.1　将巢箱用闸板隔成两区，每区各开一巢门，每区各有一只蜂王，形成双王同箱。

10.7.2　两区加满巢脾，蜂量达8成以上，子脾大都封盖时可以加继箱。从每区各提1～2张封盖子脾放入继箱中部，子脾两侧各加1张蜜脾或灌满糖浆的巢脾，并给巢箱两区分别补入1～2张空脾。巢、继箱之间加上隔王板，限制蜂王在巢箱各区中产卵，继箱为生产区。

10.7.3 每5～7天调整一次蜂巢，把巢箱各区的封盖子脾或大幼虫脾调入继箱，继箱中已经或正在出房的巢脾调入巢箱或给巢箱添加空脾。

10.7.4 大流蜜期前2周停止调整蜂群，限制蜂王产卵，集中采蜜。

11 蜂产品生产阶段管理

11.1 蜂蜜的采收阶段管理

按NY/T 639的规定执行。

11.2 蜂王浆采收阶段管理

按NY/T 638的规定执行。

11.3 蜂花粉采收阶段管理

按NY/T 637的规定执行。

12 越夏阶段管理

12.1 入夏前，应大量培育适龄越夏蜂。

12.2 将蜂群摆放在树荫下，或在蜂箱上架设凉棚，覆盖草帘，打开通气孔、窗，扩大蜂路、巢门，加脾扩巢，以利于蜂群降温。气温超过35℃时，给蜂群箱内喂水和箱外洒水，为蜂群降温。

12.3 非常炎热的地区，如有条件可把蜂群转移到山区或凉爽地带越夏。

12.4 就地越夏蜂群，进入越夏期前，应给蜂群留足饲料蜜。没有自然蜜源，要以优质白砂糖提前喂足。

12.5 防止胡蜂、蟾蜍、大蜡螟、小蜡螟等蜜蜂敌害危害蜂群。

13 越冬准备阶段管理

13.1 最后一个蜜源流蜜期，留足越冬饲料。

13.2 用新蜂王更换老劣蜂王。

13.3　在最后一个蜜源将结束时，调整群势，用强群的蜂和封盖子脾补充弱群，撤出多余巢脾，保持蜂脾相称或蜂略多于脾。

13.4　保持巢内充足的产卵空间和蜜粉饲料，并进行奖励饲喂。若出现严重的粉压子现象，要用脱粉器脱粉。

13.5　注意防止盗蜂，及时捕杀胡蜂等蜜蜂敌害。

13.6　适龄越冬蜂培育前和全部越冬蜂出房后需要治螨。

13.7　停卵日期的确定，要确保最后一批出房工蜂在入冬前能充分排泄。

13.8　补足越冬饲料。

14　越冬阶段管理

14.1　室外越冬

14.1.1　南方室外越冬的蜂场，选择无蜜粉源，地势高燥、避风、安静、阴冷、避免阳光直射的地方摆放蜂群，避免阳光直射巢门，控制蜜蜂出巢。越冬初期，只需在副盖上加保温物。越冬中、后期，进行巢内保温。

14.1.2　北方室外越冬蜂场，选择地势高燥、背风向阳、安静的场所摆放蜂群。华北地区，用保温物将蜂箱包裹严，留出巢门即可；东北、西北严寒地区，包装时，蜂箱上、下、前、后、左、右分别填充保温物。巢门前放凹型板桥，作为蜜蜂出入巢门。

14.1.3　越冬前期，根据气温变化情况及时调节巢门大小，清理杂物、死蜂等，保持巢门畅通。

14.2　室内越冬

14.2.1　保持越冬室内安静、黑暗、洁净、通风，地面干燥，室内温湿度适宜并相对稳定。

14.2.2　当外界气温基本稳定，白天最高气温下降到 0℃ 以下时，将蜂群搬入越冬室。

14.2.3　越冬蜂群摆放在高 40～50 cm 的架子上，可选择 2 排多层或 4 排多层方式摆放蜂群。

14.2.4　2 排摆放时，巢门相对，中间留出通道。4 排蜂箱摆放时，边排蜂箱背靠墙壁，中间蜂箱背靠背，所有蜂箱巢门均朝向通道，每排叠放3～4层，强群放在下层，弱群放在中、上层。放蜂密度每立方米不超过一箱。待蜂群安静后，打开巢门和气窗。

14.2.5 室内越冬，保证室内黑暗；将温度控制在0℃左右，短时间高温不超过6℃，最低不低于－5℃；保持室内相对湿度在75％～85％之间。

14.2.6 越冬期间，不宜过度保温。

14.3 越冬蜂群管理

14.3.1 每10～15天进行一次箱外观察，及时发现和处理越冬蜂群的异常状况。

14.3.2 越冬后期，注意每隔2～3周清理一次箱底死蜂。

15 蜜蜂病敌害防治

15.1 蜜蜂病敌害防治以预防为主，主要通过蜂群饲养管理手段和蜂群、蜂场的卫生消毒措施，提高蜂群本身的抵抗力来实现。

15.2 必要时可以用药物进行治疗和消毒，所用的药物在符合GB/T 19168要求的条件下，同时符合农业部公告第193号等的相关规定。所用药物的标签应符合中华人民共和国国务院令第404号的规定。严格执行停药期的规定。

16 花粉、花蜜、化学物质中毒防治

按GB/T 19168的规定执行。

17 蜂场记录与建档

17.1 建立并保持记录。

17.2 记录包括以下内容：蜂场基本情况、蜂场场地环境、蜂群养殖基本情况、病虫害防治基本情况、蜂产品采收和贮运情况等。参见附录A。

17.3 记录应真实、清晰。

17.4 养蜂者可以自愿向县级人民政府养蜂主管部门登记备案，免费领取《养蜂证》。养蜂证格式参见附录B。

附录A

（资料性附录）

蜂场记录

A.1 蜂场基本情况表

见表A.1。

表A.1　　蜂场基本情况表

<table>
<tr><td>蜂场名称</td><td></td><td rowspan="2">蜂场
所属地</td><td colspan="3" rowspan="2">省　市　县(区)</td></tr>
<tr><td>蜂场编号</td><td></td></tr>
<tr><td>负责人</td><td></td><td rowspan="3">蜂场
规模群</td><td rowspan="3">＜50 □
50～80 □
80～120 □
120 □</td><td rowspan="3">养蜂员
数量</td><td rowspan="3"></td></tr>
<tr><td>身份证号</td><td></td></tr>
<tr><td>联系电话</td><td></td></tr>
<tr><td colspan="6">饲养蜂种：意大利蜂 □　卡尼鄂拉蜂 □　高加索蜂 □　黑锋 □　本地意蜂 □
浙江浆蜂 □　其他蜂种 □（请注明：　　）
蜂种来源：购自种蜂场 □　来自临近蜂场 □　自己繁育 □　其他 □（请注明：　　）</td></tr>
<tr><td>蜂场是否
转地</td><td>定地 □　转地 □
小转地 □</td><td>蜂场生产
产品类型</td><td colspan="3">蜂蜜 □　王浆 □　花粉 □
蜂胶 □　其他 □</td></tr>
<tr><td colspan="3">蜂场是否参加合作社或为企业的生产基地（请填写合作社或企业名称）</td><td colspan="3">是 □（　　　　　　）
否 □</td></tr>
<tr><td colspan="3">是否签订相关购货合同</td><td colspan="3">是 □　否 □</td></tr>
<tr><td colspan="3">近一年是否参加相关业务培训，参加时间和地点</td><td colspan="3">是 □（时间：　　地点：
组织者：　　）
否 □</td></tr>
<tr><td colspan="3">蜂场工作人员是否有健康证</td><td colspan="3">是 □　否 □</td></tr>
</table>

填表人　　　　　　　　　　　　填表日期

A.2 蜂场场地环境情况表

见表 A.2。

表 A.2　　蜂场场地环境情况表

<table>
<tr><td>蜂场地址</td><td colspan="5">市(县、区)　　　乡　　　村</td></tr>
<tr><td>主要蜜源植物</td><td colspan="3"></td><td>与交通主干道距离</td><td>＜100 m □
100～500 m □
＞500 m □</td></tr>
<tr><td>蜜源地是否施用农药，何时施用</td><td colspan="3">开花前 7 天以上 □
开花前 7 天以内 □
开花期内 □
不施用 □</td><td>施用农药名称</td><td></td></tr>
<tr><td>蜂场附近水源清洁状况</td><td>干净 □
一般 □
较差 □
很差 □</td><td>附近是否有化肥厂、农药厂、糖厂</td><td>是 □
否 □</td><td>附近是否有垃圾填埋场等污染源</td><td>是 □
否 □</td></tr>
<tr><td>其他</td><td colspan="5"></td></tr>
</table>

填表人　　　　　　　　　　　　　　　　　　填表日期

A.3 蜂群养殖基本情况表(一)

见表 A.3。

表 A.3　　蜂群养殖基本情况表(一)

天气		气温℃		地点	
蜜源					
蜂场基本活动记录					

填表人　　　　　　　　　　　　　　　　　　填表日期

A. 4 蜂群养殖基本情况表(二)

见表 A. 4。

表 A. 4　　蜂群养殖基本情况表(二)

蜂群和用具消毒日期		常用消毒剂名称、厂家	
蜂群饲喂糖饲料	白砂糖 □ 蜂蜜 □(是否发酵:是 □　否 □) 其他 □(请注明:　　　　　)	来　源 (请注明厂家名称)	
蜂群饲喂蛋白饲料	花粉 □(是否生虫、霉变: 是 □　否 □) 花粉代用品 □ (请注明:　　　　　　)	来源(代用品请注明厂家名称)	
糖饲料储存环境	低温干燥 □　常温干燥 □ 常温潮湿 □　低温潮湿 □	蛋白饲料储存环境	干燥 □ 潮湿 □
是否使用添加剂、名称及来源		巢础来源	
		巢础厂家	

填表人　　　　　　　　　　　　　　　　　填表日期

A.5 病虫敌害防治基本情况表

见表 A.5。

表 A.5　病虫敌害防治基本情况表

<table>
<tr><td colspan="3">防治日期</td><td></td></tr>
<tr><td>蜂群是否有蜂螨危害</td><td>是 □
否 □</td><td>防治措施</td><td>生物防治(断子治螨 □ 雄蜂蛹诱集 □
割雄蜂蛹 □)
药物防治(喷杀螨剂 □ 挂螨扑 □
主要成分：　　　　)</td></tr>
<tr><td>螨扑名称、成分及生产厂家</td><td></td><td>试用于蜂群时间</td><td>流蜜期前 4～6 周之前 □
流蜜期前 4～6 周 □
流蜜期内 □</td></tr>
<tr><td>杀螨剂名称、成分及生产厂家</td><td></td><td>最后一次喷洒时间</td><td>流蜜前 1 月 □ 流蜜前 15～30 天 □
流蜜期 7～15 天 □
流蜜期 0～7 天 □ 流蜜期内 □</td></tr>
<tr><td>蜂群发生过或正在发生何种疾病</td><td colspan="3">白垩病 □ 微孢子虫病 □ 美洲幼虫腐臭病 □
欧洲幼虫腐臭病 □ 囊状幼虫病 □ 麻痹病 □
其他疾病 □(请注明：　　　　)</td></tr>
<tr><td>防治措施</td><td>隔离 □ 销毁 □
用药 □</td><td colspan="2">药物名称、成分及生产厂家</td></tr>
<tr><td>施用方式</td><td colspan="3">混入饲料 □ 喷洒 □ 饲喂器 □ 其他 □(请注明：　　)</td></tr>
<tr><td>蜂场如何预防病虫敌害，请简要说明</td><td colspan="3"></td></tr>
</table>

填表人　　　　　　　　填表日期

A.6　蜂产品采收和贮运情况表

见表 A.6。

表 A.6　　　　蜂产品采收和贮运情况表

采蜜日期			
摇蜜机、割蜜刀等工具使用前是否消毒	是□　否□	消毒剂类型及厂家	
大流蜜前是否先摇出含有饲料糖的蜜	是□　否□	含糖蜂蜜和用药蜂群所产蜂蜜是否单独存放	是□　否□
摇蜜机材质	不锈钢□　塑料□ 镀锌板□ 其他□(请注明：　　　)	清洗摇蜜机频度	每次□　每天□ 三天□　每周□ 每个花期□
摇蜜地点	室内□　室外□ 帐篷内□	场所是否预先消毒	是□　否□
贮蜜桶	塑料□　不锈钢□ 钢桶□　其他□(　　)	钢桶内附材料	食品级涂料□ 塑料袋□ 其他□　无□
原料蜜含水量	波美度		
蜂蜜采集后多长时间提交		提交日期	
蜂蜜运输方式	蜂场雇车□　企业来车□　其他□		
其他产品采收和贮存情况			

填表人　　　　　　　　　　　　　　填表日期

附录B
（资料性附录）

养　蜂　证

养蜂证格式见表B.1。

表B.1　养蜂证格式

养　蜂　证

照　片

（一寸）

发证单位	
编　　号	
发证日期	年　月　日
有 效 期	至　年　月　日

场主姓名		性 别	
年　　龄		民 族	
身份证号			
通讯地址			
联系电话			
蜂场名称			
蜂群数量			
辅助人员	姓 名	性 别	年 龄

农业部关于印发蜜蜂检疫规程的通知

农医发[2010]41号

各省、自治区、直辖市畜牧兽医(农牧、农业、农村经济)厅(局、委、办):

为规范蜜蜂的检疫工作,按照《中华人民共和国动物防疫法》《动物检疫管理办法》等有关规定,我部制定了《蜜蜂检疫规程》,现印发给你们,请遵照执行。

2010年10月13日

蜜蜂检疫规程

1　适用范围

本规程规定了蜜蜂检疫的检疫对象、检疫合格标准、检疫程序、检疫结果处理和检疫记录。

本规程适用于中华人民共和国境内蜜蜂的检疫。

2　术语和定义

下列术语和定义适用于本规程。

2.1　**蜂群**　蜜蜂的社会性群体,是蜜蜂自然生存和蜂场饲养管理的基本单位,由蜂王、雄蜂和工蜂组成。

2.2　**蜜粉源地**　能提供花蜜、花粉,进行养蜂生产的蜜粉源植物生长地。

2.3　**巢房**　由蜜蜂修造的,供蜜蜂栖息、育虫、贮存食物的六角形蜡质结构,是构成巢脾的基本单位。

2.4　**巢脾**　是蜂巢的组成部分,由蜜蜂筑造、双面布满巢房的蜡质结构。

2.5　**子脾**　存在蜜蜂卵、幼虫或蛹的巢脾。

3　检疫对象

美洲幼虫腐臭病、欧洲幼虫腐臭病、蜜蜂孢子虫病、白垩病、蜂螨病。

4　检疫合格标准

4.1　蜂场所在地县级区域内未发生本规程规定的动物疫病；

4.2　蜂群临床检查健康；

4.3　未发生美洲幼虫腐臭病、欧洲幼虫腐臭病、蜜蜂孢子虫病、白垩病及其他规定的疫病，蜂螨平均寄生密度在0.1以下；

4.4　必要时实验室检测合格。

5　检疫程序

5.1　**检疫申报**　蜂群自原驻地起运前和自最远蜜粉源地起运前，货主应提前3天向当地动物卫生监督机构申报检疫。

5.2　**申报受理**　动物卫生监督机构在接到检疫申报后，根据蜂场所在地县级区域内蜜蜂疫情情况，决定是否予以受理。受理的，应当及时派官方兽医到现场或到指定地点实施检疫；不予受理的，应说明理由。

5.3　**临床检查**

5.3.1　检查方法

5.3.1.1　蜂群检查

5.3.1.1.1　箱外观察　调查蜂群来源、转场、蜜源、发病及治疗等情况，观察全场蜂群活动状况、核对蜂群箱数，观察蜂箱门口和附近场地蜜蜂飞行及活动情况，有无爬蜂、死蜂和蜂翅残缺不全的幼蜂。

5.3.1.1.2　抽样检查　按照至少5%（不少于5箱）的比例抽查蜂箱，依次打开蜂箱盖、副盖，检查巢脾、巢框、箱壁和箱底的蜜蜂有无异常行为；查看箱底有无死蜂；子脾上卵虫排列是否整齐，色泽是否正常。

5.3.1.2　个体检查　对成年蜂和子脾进行检查。

成年蜂:主要检查蜂箱门口和附近场地上蜜蜂的状况。

子脾:每群蜂取封盖或未封盖子脾 2 张以上,主要检查子脾上的未封盖幼虫或封盖幼虫和蛹的状况。

5.3.2 检查内容

5.3.2.1 子脾上出现幼虫虫龄极不一致,卵、小幼虫、大幼虫、蛹、空房花杂排列(俗称"花子现象")。在封盖子脾上,巢房封盖出现发黑,湿润下陷,并有针头大的穿孔,腐烂后的幼虫(9~11 日龄)尸体呈黑褐色并具有黏性,挑取时能拉出 2~5 cm 的丝;或干枯成脆质鳞片状的干尸,有难闻的腥臭味,怀疑感染美洲幼虫腐臭病。

5.3.2.2 在未封盖子脾上,出现虫卵相间的"花子现象",死亡的小幼虫(2~4 日龄)呈淡黄色或黑褐色,无黏性,且发现大量空巢房,有酸臭味,怀疑感染欧洲幼虫腐臭病。

5.3.2.3 在巢框上或巢门口发现黄棕色粪迹,蜂箱附近场地上出现黑头黑尾、腹部膨大、腹泻、失去飞翔能力的蜜蜂,怀疑感染蜜蜂孢子虫病。

5.3.2.4 在箱底或巢门口发现大量体表布满菌丝或孢子囊、质地紧密的白垩状幼虫或近黑色的幼虫尸体时,怀疑感染蜜蜂白垩病。

5.3.2.5 在巢门口或附近场地上出现蜂翅残缺不全或无翅的幼蜂爬行,以及死蛹被工蜂拖出等情况时,怀疑感染蜂螨病。

5.4 **实验室检测** 对怀疑患有本规程规定疫病或临床检查发现其他异常的,应进行实验室检测(《蜜蜂检疫规程实验室检测方法》见附录)。

6 检疫结果处理

6.1 经检疫合格的,出具《动物检疫合格证明》。《动物检疫合格证明》有效期为 6 个月,且从原驻地至最远蜜粉源地或从最远蜜粉源地至原驻地单程有效,同时在备注栏中标明运输路线。

6.2 经检疫不合格的,出具《检疫处理通知单》,并按照有关规定处理。

6.2.1　经检查发现美洲幼虫腐臭病、欧洲幼虫腐臭病、蜜蜂孢子虫病、白垩病时，禁止外出流动放蜂，货主应按有关规定处理，临床症状消失1周后，无新发病例方可再次申报检疫。

6.2.2　经检查发现蜂群患蜂螨病时，货主应就地治疗，达到平均寄生密度（螨数/检查蜂数）0.1以下时，方可再次申报检疫。

6.2.3　临床检查时发现大量蜜蜂不明原因死亡时，禁止蜂群转场，不得出具《动物检疫合格证明》，并监督货主做好深埋、焚烧等无害化处理。

6.2.4　发现蜜蜂疫病呈暴发流行或新发生的蜜蜂疫病时，按规定程序报告疫情。

6.3　起运前，动物卫生监督机构须监督货主或承运人对运载工具进行有效消毒。

7　监督检查

7.1　跨县级区域转地放养蜜蜂时，货主应在蜜蜂到达场地24 h内向当地县级动物卫生监督机构报告，并接受监督检查。

7.2　当地县级动物卫生监督机构接到报告后，应及时派官方兽医到现场进行监督检查。

8　检疫记录

8.1　**检疫申报单。**动物卫生监督机构须指导货主填写检疫申报单。

8.2　**检疫工作记录。**官方兽医须填写检疫工作记录，详细登记货主姓名、地址、检疫申报时间、检疫时间、检疫地点、检疫动物种类、数量及用途、检疫处理、检疫证明编号等，并由货主签名。

8.3　**监督工作记录。**动物卫生监督机构应认真填写监督检查记录，并由货主签名。

8.4　检疫申报单和检疫工作记录应保存12个月以上。

附录

蜜蜂检疫规程实验室检测方法

1.美洲幼虫腐臭病

从蜂群中抽取部分封盖子脾，挑取其中的死幼虫5～10条，置研钵中，加2～3 ml无菌水研碎后制成悬浮液涂片，经革兰染色，在1 000～1 500倍的显微镜下进行检查，发现大量革兰阳性的游离状的杆菌芽孢，经细菌培养鉴定确认后，判定为美洲幼虫腐臭病。

2.欧洲幼虫腐臭病

从蜂群中抽取部分未封盖2～4日龄幼虫脾，挑取其中的死幼虫5～10条，置研钵中，加2～3 ml无菌水研碎后制成悬浮液、涂片，经革兰染色后，在1 000～1 500倍的显微镜下进行检查，发现0.5 μm×1.0 μm呈革兰阳性的单个、短链或呈簇状排列的披针形球菌，同时有许多杆菌和芽孢杆菌等多种微生物，经细菌培养鉴定确认后，判定为欧洲幼虫腐臭病。

3.蜜蜂孢子虫病

在蜂箱门口与蜂箱上梁处避光收集8日龄以下的成年工蜂60只，取出30只(另30只备用)消化系统，置研钵中，加2～3 ml无菌水研碎后制成悬浮液，置干净载玻片上，在400～600倍的显微镜下进行检查，若发现卵圆近米粒形，边缘灰暗，具有蓝色折光的孢子，经细菌培养鉴定确认后，判定为蜜蜂孢子虫病。

4.蜜蜂白垩病

从病死僵化的幼虫体表刮取少量白垩状物或刮取黑色物体在显微镜下进行检查，发现有白色棉絮菌丝和充满孢子球的子囊，经细菌培养鉴定确认后，判定为蜜蜂白垩病。

5.蜂螨病

从2个以上子脾中随机抽取50只蜂蛹，在解剖镜下(或其他方式)逐个检查蜂蛹体表有无蜂螨寄生。其中一个蜂群的蜂螨平均寄生密度达到0.1以上，判定为蜂螨病。

无公害农产品　兽药使用准则

NY 5030-2016

前言

本标准按照 GB/T 1.1-2009 给出的规则起草。

本标准代替 NY 5138-2002《无公害食品　蜂蜜饲养兽药使用准则》和 NY 5030-2006《无公害食品　畜禽饲养兽药使用准则》。本标准与 NY 5138-2002、NY 5030-2006 相比，主要技术变化如下：

增加了兽药购买要求，对购买兽药、兽药质量、兽药储存与运输以及产品追溯等做了规定；

兽药使用要求增加了处方药、乡村兽医等方面的相关内容；

用药记录档案保存期由 1 年（含 1 年）以上改为 3 年（含 3 年）以上；

附录增加了国家有关禁用兽药、不得使用的药物及限用兽药的规定，以及兽用处方药品种目录（第一批）、乡村兽医基本用药目录和《兽药产品说明书》中储藏项下名词术语。

本标准由中华人民共和国农业部提出。

本标准由农业部农产品质量安全中心归口。

本标准起草单位：中国兽医药品监察所、农业部农产品质量安全中心、中国农业科学院蜜蜂研究所。

本标准主要起草人：汪霞、高光、梁先明、廖超子、吴黎明、孙雷、徐倩、刘艳华。

本标准的历次版本发布情况为：

NY 5138-2002、NY 5030-2006。

1　范围

本标准规定了兽药的术语和定义、使用要求、使用记录和不良反应报告。

本标准适用于无公害农产品（畜禽产品、蜜蜂）的生产、管理和认证。

2　规范性引用文件

下列文件对于本文的应用是必不可少的。凡是注日期的引用文件，仅注日期的版本适用于本文件。凡是不注日期的引用文件，其最新版本（包括所有的修改单）适用于本文件。

兽药管理条例

中华人民共和国动物防疫法

中华人民共和国兽药典

中华人民共和国农业部公告第168号　饲料药物添加剂使用规范

中华人民共和国农业部公告第176号　禁止在饲料和动物饮用水中使用的药物品种目录

中华人民共和国农业部公告第193号　食品动物禁用的兽药及其他化合物清单

中华人民共和国农业部公告第235号　动物性食品中兽药最高残留量

中华人民共和国农业部公告第560号　兽药地方标准废止目录

中华人民共和国农业部公告第1519号　禁止在饲料和动物饮水中使用的物质

中华人民共和国农业部公告第1997号　兽用处方药物品种目录（第一批）

中华人民共和国农业部公告第2069号　乡村兽医基本用药目录

3　术语和定义

下列术语和定义适用于本文件。

3.1　兽药 veterinary drugs

用于预防、治疗和诊断动物疾病或者有目的地调节其生理机能的物质(含饲料药物添加剂)。主要包括血清制品、疫苗、诊断制品、微生态制品、中药材、中成药、化学药品、抗生素、生化药品、放射性药品及外用杀虫剂、消毒剂等。

3.2 **兽用处方药** veterinary prescription drugs

由国务院兽医行政管理部门公布的、凭兽医处方方可购买和使用的兽药。

3.3 **食品动物** food－producing animal

各种供人食用或其产品供人食用的动物。

3.4 **休药期** withdrawal time

食品动物从停止给药到许可屠宰或其产品(奶、蛋)许可上市的间隔时间。对于奶牛和蛋鸡也称弃奶期或弃蛋期。蜜蜂从停止给药到其产品收获的间隔时间。

4 购买要求

4.1 使用者和兽医进行预防、治疗和诊断疾病所用的兽药均应是农业部批准的兽药或批准进口注册的兽药，其质量均应符合相关的兽药国家标准。

4.2 使用者和兽医在购买兽药时，应在国家兽药基础信息查询系统中核对兽药产品批准信息，包括核对购买产品的批准文号、标签和说明书内容、生产企业信息等。

4.3 购买的兽药产品为生物制品的，应在国家兽药基础信息查询系统中核对兽用生物制品批签发信息，不得购买和使用兽用生物制品批签发数据库外的兽用生物制品。

4.4 购买的兽药产品标签附有二维码的，应在国家兽药产品追溯系统中进一步核对产品信息。

4.5 使用者应定期在国家兽药基础信息查询系统中查看农业部发布的兽药质量监督抽检质量通报和有关假兽药查处活动的通知，不应购买和使用非法兽药生产企业生产的产品，不应购买和使用重点监控企业的产品以及抽检不合格的产品。

4.6 兽药应在说明书规定的条件下储存与运输，以保证兽药的质量。《兽药产品说明书》中储藏项下名词术语见附录 A。

5 使用要求

5.1 使用者和兽医应遵守《兽药管理条例》的有关规定使用兽药，应凭兽医开具的处方使用中华人民共和国农业部公告第1997 号规定的兽用处方药（见附录 B）。处方笺应当保存 3 年以上。

5.2 从事动物诊疗服务活动的乡村兽医，凭乡村兽医登记证购买和使用中华人民共和国农业部公告第 2069 号中所列处方药（见附录 C）。

5.3 使用者和兽医应慎开具或使用抗菌药物。用药前宜做药敏试验，能用窄谱抗菌药物的就不用广谱抗菌药物，药敏试验的结果应进行归档。同时考虑交替用药，尽可能降低耐药性的产生。蜜蜂饲养者对蜜蜂疾病进行诊断后，选择一种合适的药物，避免重复用药。

5.4 使用者和兽医应严格按照农业部批准的兽药标签和说明书（见国家兽药基础信息查询系统）用药，包括给药途径、剂量、疗程、动物种属、适应证、休药期等。

5.5 不应超出兽药产品说明书范围使用兽药；不应使用农业部规定禁用、不得使用的药物品种（见附录 D）；不应使用人用药品；不应使用过期或变质的兽药；不应使用原料药。

5.6 使用饲料药物添加剂时，应按中华人民共和国农业部公告第 168 号的规定执行。

5.7 兽医应按《中华人民共和国动物防疫法》的规定对动物进行免疫。

5.8 兽医应慎用拟肾上腺素药、平喘药、抗胆碱药与拟胆碱药、糖皮质激素类药和解热镇痛消炎药，并应严格按批准的作用与用途和用法与用量使用。

5.9 非临床医疗需要，不应使用麻醉药、镇痛药、镇静药、中枢兴奋药、性激素类药、化学保定药及骨骼肌松弛药。

6　兽药使用记录

6.1　使用者和兽医使用兽药，应认真做好用药记录。用药记录至少应包括动物种类、年（日）龄、体重及数量、诊断结果或用药目的、用药的名称（商品名和通用名）、规格、剂量、给药途径、疗程、药物的生产企业、产品的批准文号、生产日期、批号等。使用兽药的单位或个人均应建立用药记录档案，并保存 3 年（含 3 年）以上。

6.2　使用者和兽医应执行兽药标签和说明书中规定的兽药休药期，并向购买者或屠宰者提供准确、真实的用药记录；应记录在休药期内生产的奶、蛋、蜂蜜等农产品的处理方式。

7　兽药不良反应报告

使用者和兽医使用兽药，应对兽药的疗效、不良反应做观察、记录；动物发生死亡时，应请专业兽医进行剖检，分析是药物原因或疾病原因。发现可能与兽药使用有关的严重不良反应时，应当立即向所在地人民政府兽医行政管理部门报告。

附录 A

（规范性附录）

《兽药产品说明书》中储藏项下名词术语

储藏项下的规定，系为避免污染和降解与保管基本要求。以下列名词术语表示：

a）遮光：指用不透光的容器包装，棕色容器或黑纸包裹的为免透明、半透明容器；

b）避光：指避免日光直射；

c）密闭：指将容器密闭，以防止尘土及异物进入；

d）密封：指将容器密封以防止风化、吸潮、挥发或异物进入；

e）熔封或严封：指将容器熔封或用合适的材料严封，以防止空气与水分的侵入并防止污染；

f）阴凉处：指不超过 20℃；

g) 凉暗处：指避光并不超过 20℃；

h) 冷处：指 2～10℃；

i) 常温：指 2～10℃。

除另有规定外，藏项下未规定温度的一般系指常温。

附录B

（规范性附录）

兽用处方药品目录(第一批)

B.1 抗微生物药

B.1.1 抗生素类

B.1.1.1 β-内酰胺类 注射用青霉素钠、注射用青霉素钾、氨苄西林混悬注射液、氨苄西林可溶性粉、注射用氨苄西林钠、注射用氯唑西林钠、阿莫西林注射液、注射用阿莫西林钠、阿莫西林片、阿莫西林可溶性粉、阿莫西林克拉维酸钾注射液、阿莫西林硫酸黏菌素注射液、注射用苯唑西林钠、注射用普鲁卡因青霉素、普鲁卡因青霉素注射液、注射用苄星青霉素。

B.1.1.2 头孢菌素类 注射用头孢噻呋、盐酸头孢噻呋注射液、注射用头孢噻呋钠、头孢氨苄注射液、硫酸头孢喹肟注射液。

B.1.1.3 氨基糖苷类 注射用硫酸链霉素、注射用硫酸双氢链霉素、硫酸双氢链霉素注射液、硫酸卡那霉素注射液、注射用硫酸卡那霉素、硫酸庆大霉素注射液、硫酸安普霉素注射液、硫酸安普霉素可溶性粉、硫酸安普霉素预混可溶性粉、硫酸新霉素溶液、硫酸新霉素粉(水产用)、硫酸新霉素预混剂、硫酸新霉素可溶性粉、盐酸大观霉素可溶性粉、盐酸大观霉素、盐酸林可霉素可溶性粉。

B.1.1.4 四环素类 土霉素注射液、长效土霉素注射液、盐酸土霉素注射液、注射用盐酸土霉素、长效盐酸土霉素注射液、四环素片、注射用盐酸四环素、盐酸多四环素粉(水产用)、盐酸多四环素片、盐酸多四环素注射液。

B.1.1.5 大环内酯类 红霉素片、注射用乳糖酸红霉素、硫氢酸红霉素可溶性粉、泰乐菌素注射液、注射用酒石酸泰乐菌素、酒石酸泰乐菌素可溶性粉、酒石酸泰乐菌素磺胺二甲基嘧啶可溶性粉、磷酸泰乐菌素磺胺二甲基嘧啶预混剂、替米考星注射液、替米考星可溶性粉、替米考星预混剂、替米考星溶液、磷酯替米考星预混剂、酒石酸吉他霉素可溶性粉。

B.1.1.6　酰胺醇类　氟苯尼考粉、氟苯尼考粉（水产用）、氟苯尼考注射液、氟苯尼考可溶性粉、氟苯尼考预混剂、氟苯尼考预混剂(50%)、甲砜霉素注射液、甲砜霉素粉、甲砜霉素粉（水产用）、甲砜霉素可溶性粉、甲砜霉素片、甲砜霉素颗粒。

B.1.1.7　林可胺类　盐酸林可霉素注射液、盐酸林可霉素片、盐酸林可霉素可溶性粉、盐酸林可霉素预混剂、盐酸林可霉素硫酸大观霉素预混剂。

B.1.1.8　其他　延胡索酸泰妙菌素可溶性粉。

B.1.2　合成抗菌药

B.1.2.1　磺胺类药　复方磺胺嘧啶预混剂、复方磺胺嘧啶粉（水产用）、磺胺对甲氧嘧啶二甲氧苄啶预混剂、复方磺胺对甲氧嘧啶粉、磺胺间甲氧嘧啶粉、磺胺间甲氧嘧啶预混剂、复方磺胺间甲氧嘧啶可溶性粉、复方磺胺间甲氧嘧啶预混剂、磺胺间甲氧嘧啶钠粉（水产用）、磺胺间甲氧嘧啶钠可溶性粉、复方磺胺间甲氧嘧啶钠粉、复方磺胺间甲氧嘧啶钠可溶性粉、复方磺胺二甲嘧啶粉（水产用）、复方磺胺二甲嘧啶可溶性粉、复方磺胺甲噁唑粉、复方磺胺甲噁唑粉（水产用）、复方磺胺氯达嗪钠粉、磺胺氯吡嗪钠可溶性粉、复方磺胺氯吡嗪钠预混剂、磺胺喹噁啉二甲氧苄啶预混剂、磺胺喹噁啉钠可溶性粉。

B.1.2.2　喹诺酮类药　恩诺沙星注射液、恩诺沙星粉（水产用）、恩诺沙星片、恩诺沙星溶液、恩诺沙星可溶性粉、恩诺沙星混悬液、盐酸恩诺沙星可溶性粉、乳酸环丙沙星可溶性粉、乳酸环丙沙星注射液、盐酸环丙沙星注射液、盐酸环丙沙星可溶性粉、盐酸环丙沙星盐酸小檗碱预混剂、维生素磷酸酯镁盐酸环丙沙星预混剂、盐酸沙拉沙星注射液、盐酸沙拉沙星片、盐酸沙拉沙星可溶性粉、盐酸沙拉沙星溶液、甲磺酸达氟沙星注射液、甲磺酸达氟沙星溶液、甲磺酸达氟沙星粉、盐酸二氟沙星片、盐酸二氟沙星注射液、盐酸二氟沙星粉、盐酸二氟沙星溶液、噁喹酸散、噁喹酸混悬液、噁喹酸溶液、氟甲喹可溶性粉、氟甲喹粉。

B.1.2.3　其他　乙酰甲喹片、乙酰甲喹注射液。

B.2　抗寄生虫药

B.2.1　抗蠕虫药

阿苯达唑硝氯酚片、甲苯咪唑溶液（水产用）、硝氯酚伊维菌素片、阿维菌素注射液、碘硝酚注射液、精制敌百虫片、精制敌百虫粉（水产用）。

B.2.2 抗原虫药

注射用三氮脒、注射用喹嘧胺、盐酸吖啶黄注射液、甲硝唑片、地美硝唑预混剂。

B.2.3 杀虫药

辛硫磷溶液（水产用）、氯氰菊酯溶液（水产用）、溴氰菊酯溶液（水产用）。

B.3 中枢神经系统药物

B.3.1 中枢兴奋药

安钠咖注射液、尼可刹米注射液、樟脑磺酸钠注射液、硝酸士的宁注射液、盐酸苯噁唑注射液。

B.3.2 镇静药与抗惊厥药

盐酸氯丙嗪片、盐酸氯丙嗪注射液、地西泮片、地西泮注射液、苯巴比妥片、注射用苯巴比妥钠。

8.3.3 麻醉性镇痛药

盐酸吗啡注射液、盐酸哌替啶注射液。

B.3.4 全身麻醉药与化学保定药

注射用硫喷妥钠、注射用异戊巴比妥钠、盐酸氯胺酮注射液、复方氯胺酮注射液、盐酸赛拉嗪注射液、盐酸赛拉唑注射液、氯化琥珀胆碱注射液。

B.4 外周神经系统药物

B.4.1 拟胆碱药

氯化氨甲酰甲胆碱注射液、甲硫酸新斯的明注射液。

B.4.2 抗胆碱药

硫酸阿托品片、硫酸阿托品注射液、氢溴酸东莨菪碱注射液。

B.4.3 拟肾上腺素药

重酒石酸去甲肾上腺素注射液、盐酸肾上腺素注射液。

B.4.4 局部麻醉药

盐酸普鲁卡因注射液、盐酸利多卡因注射液。

B.5 抗炎药

氢化可的松注射液、醋酸可的松注射液、醋酸氢化可的松注射液、醋酸泼尼松片、地塞米松磷酸钠注射液、醋酸地塞米松片、倍他米松片。

B.6 泌尿生殖系统药物

丙酸睾酮注射液、苯丙酸诺龙注射液、苯甲酸雌二醇注射液、黄体酮注射液、注射用促黄体素释放激素 A_2、注射用促黄体素释放激素 A_3、注射用复方鲑鱼促性腺激素释放激素类似物、注射用复方绒促性素 A 型、注射用复方绒促性素 B 型。

B.7 抗过敏药

盐酸苯海拉明注射液、盐酸异丙嗪注射液、马来酸氯苯那敏注射液。

B.8 局部用药物

注射用氯唑西林钠、头孢氨苄乳剂、苄星氯唑西林注射液、氯唑西林钠氨苄西林钠乳剂(泌乳期)、氨苄西林钠氯唑西林钠乳房注入剂(泌乳期)、盐酸林可霉素硫酸新霉素乳房注入剂(泌乳期)、盐酸林可霉素乳房注入剂(泌乳期)、盐酸吡利霉素乳房注入剂(泌乳期)。

B.9 解毒药

B.9.1 **金属络合剂**

二巯丙醇注射液、二巯丙磺钠注射液。

B.9.2 **胆碱酯酶复活剂**

碘解磷定注射液。

B.9.3 **高铁血红蛋白还原剂**

亚甲蓝注射液。

B.9.4 **氰化物解毒剂**

亚硝酸钠注射液。

B.9.5 **其他解毒剂**

乙酰胺注射液。

注:引自中华人民共和国农业部公告第 1997 号。本标准执行期间,农业部批准的处方药新品种,按照处方药使用。

附录 C

(规范性附录)

《乡村兽医基本用药目录》中处方药有关品种目录

C.1 抗微生物药

C.1.1 **抗生素类**

C.1.1.1　β—内酰胺类　注射用青霉素钠、注射用青霉素钾、氨苄西林混悬注射液、氨苄西林可溶性粉、注射用氨苄西林钠、注射用氯唑西林钠、阿莫西林注射液、注射用阿莫西林钠、阿莫西林片、阿莫西林可溶性粉、阿莫西林克拉维酸钾注射液、阿莫西林硫酸黏菌素注射液、注射用苯唑西林钠、注射用普鲁卡因青霉素、普鲁卡因青霉素注射液、注射用苄星青霉素。

C.1.1.2　头孢菌素类　注射用头孢噻呋、盐酸头孢噻呋注射液、注射用头孢噻呋钠。

C.1.1.3　氨基糖苷类　注射用硫酸链霉素、注射用硫酸双氢链霉素、硫酸双氢链霉素注射液、硫酸卡那霉素注射液、注射用硫酸卡那霉素、硫酸庆大霉素注射液、硫酸安普霉素注射液、硫酸安普霉素可溶性粉、硫酸新霉素溶液、硫酸新霉素粉（水产用）、硫酸新霉素可溶性粉、盐酸大观霉素可溶性粉、盐酸大观霉素、盐酸林可霉素可溶性粉。

C.1.1.4　四环素类　土霉素注射液、盐酸土霉素注射液、注射用盐酸土霉素、四环素片、注射用盐酸四环素、盐酸多西环素粉（水产用）、盐酸多西环素可溶性粉、盐酸多西环素片、盐酸多西环素注射液。

C.1.1.5　大环内酯类　红霉素片、注射用乳糖酸红霉素、硫氰酸红霉素可溶性粉、泰乐菌素注射液、注射用酒石酸泰乐菌素、酒石酸泰乐菌素可溶性粉、酒石酸泰乐菌素磺胺二甲嘧啶可溶性粉、替米考星注射液、替米考星可溶性粉、替米考星溶液、酒石酸吉他霉素可溶性粉。

C.1.1.6　酰胺醇类　氟苯尼考粉、氟苯尼考粉（水产用）、氟苯尼考注射液、氟苯尼考可溶性粉、甲砜霉素注射液、甲砜霉素粉、甲砜霉素粉（水产用）、甲砜霉素可溶性粉、甲砜霉素片、甲砜霉素颗粒。

C.1.1.7　林可胺类　盐酸林可霉素注射液、盐酸林可霉素片、盐酸林可霉素可溶性粉。

C.1.1.8　其他　延胡索酸泰妙菌素可溶性粉。

C.1.2　合成抗菌药

C.1.2.1　磺胺类药　复方磺胺嘧啶粉（水产用）、复方磺胺对甲氧嘧啶粉、磺胺间甲氧嘧啶粉、复方磺胺间甲氧嘧啶可溶性粉、磺胺间甲氧嘧啶钠粉（水产用）、磺胺间甲氧嘧啶钠可溶性粉、复方磺胺间甲氧嘧啶钠粉、复方磺胺间甲氧嘧啶钠可溶性粉、复方磺胺二甲嘧啶粉（水产用）、复方磺胺二甲嘧啶可溶性粉、复方磺胺氯哒嗪钠粉、磺胺氯吡嗪钠可溶性粉、磺胺喹噁啉钠可溶性粉。

C.1.2.2　喹诺酮类药　恩诺沙星注射液、恩诺沙星粉(水产用)、恩诺沙星片、恩诺沙星溶液、恩诺沙星可溶性粉、恩诺沙星混悬液、盐酸恩诺沙星可溶性粉、盐酸沙拉沙星注射液、盐酸沙拉沙星片、盐酸沙拉沙星可溶性粉、盐酸沙拉沙星溶液、甲磺酸达氟沙星注射液、甲磺酸达氟沙星溶液、甲磺酸达氟沙星粉、盐酸二氟沙星片、盐酸二氟沙星注射液、盐酸二氟沙星粉、盐酸二氟沙星溶液、噁喹酸散、噁喹酸混悬液、噁喹酸溶液、氟甲喹可溶性粉、氟甲喹粉。

C.1.2.3　其他　乙酰甲喹片、乙酰甲喹注射液。

C.2　抗寄生虫药

C.2.1　抗蠕虫药

阿苯达唑硝氯酚片、甲苯咪唑溶液(水产用)、硝氯酚伊维菌素片、阿维菌素注射液、碘硝酚注射液、精制敌百虫片、精制敌百虫粉(水产用)。

C.2.2　抗原虫药

注射用三氮脒、注射用喹嘧胺、盐酸吖啶黄注射液、甲硝唑片。

C.2.3　杀虫药

辛硫磷溶液(水产用)。

C.3　中枢神经系统药物

C.3.1　中枢兴奋药

尼可刹米注射液、樟脑磺酸钠注射液、盐酸苯噁唑注射液。

C.3.2　全身麻醉药与化学保定药

注射用硫喷妥钠、注射用异戊巴比妥钠。

C.4　外周神经系统药物

C.4.1　拟胆碱药

氯化氨甲酰甲胆碱注射液、甲硫酸新斯的明注射液。

C.4.2　抗胆碱药

硫酸阿托品片、硫酸阿托品注射液、氢溴酸东莨菪碱注射液。

C.4.3　拟肾上腺素药

重酒石酸去甲肾上腺素注射液、盐酸肾上腺素注射液。

C.4.4　局部麻醉药

盐酸普鲁卡因注射液、盐酸利多卡因注射液。

C.5　抗炎药

氢化可的松注射液、醋酸可的松注射液、醋酸氢化可的松注射液、醋酸泼尼松片、地塞米松磷酸钠注射液、醋酸地塞米松片、倍他米松片。

C.6　生殖系统药物

黄体酮注射液、注射用促黄体素释放激素 A_2、注射用促黄体素释放激素 A_3、注射用复方鲑鱼促性腺激素释放激素类似物、注射用复方绒促性素 A 型、注射用复方绒促性素 B 型。

C.7　抗过敏药

盐酸苯海拉明注射液、盐酸异丙嗪注射液、马来酸氯苯那敏注射液。

C.8　局部用药物

苄星氯唑西林注射液、氨苄西林钠氯唑西林钠乳房注入剂(泌乳期)、盐酸林可霉素硫酸新霉素乳房注入剂(泌乳期)、盐酸林可霉素乳房注入剂(泌乳期)、盐酸吡利霉素乳房注入剂(泌乳期)。

C.9　解毒药

C.9.1　**金属络合剂**

二巯丙醇注射液、二巯丙磺钠注射液。

C.9.2　**胆碱酯酶复活剂**

碘解磷定注射液。

C.9.3　**高铁血红蛋白还原剂**

亚甲蓝注射液。

C.9.4　**氰化物解毒剂**

亚硝酸钠注射液。

C.9.5　**其他解毒剂**

乙酰胺注射液。

注：引自中华人民共和国农业部公告第 2069 号。

附录D

（规范性附录）

国家有关禁用兽药、不得使用的药物及限用兽药的规定

D.1　食品动物禁用、在动物性食品中不得检出的兽药及其他化合物清单

见表D.1。

表D.1　食品动物禁用、在动物性食品中不得检出的兽药及其他化合物清单

序号	兽药及其他化合物名称	禁止用途	禁用动物	靶组织
1	β-兴奋剂类：克仑特罗、沙丁胺醇、西马特罗及其盐、酯及制剂	所有用途	所有食品动物	所有可食组织
2	雌激素类：己烯雌酚及其盐、酯及制剂	所有用途	所有食品动物	所有可食组织
3	具有雌激素样作用的物质：玉米赤霉醇、去甲雄三烯醇酮、醋酸甲孕酮及制剂	所有用途	所有食品动物	所有可食组织
4	雄激素类：甲基睾丸酮、丙酸睾酮、苯丙酸诺龙、苯甲酸雌二醇、群勃龙及其盐、酯及制剂	促生长	所有食品动物	所有可食组织
5	氯霉素及其盐、酯（包括琥珀氯霉素）及制剂	所有用途	所有食品动物	所有可食组织
6	氨苯砜及制剂	所有用途	所有食品动物	所有可食组织
7	硝基呋喃类：呋喃唑酮、呋喃它酮、呋喃苯烯酸钠、呋喃西林、呋喃妥因及制剂	所有用途	所有食品动物	所有可食组织
8	硝基化合物：硝基酚钠、硝呋烯腙及制剂	所有用途	所有食品动物	所有可食组织

（续表）

序号	兽药及其他化合物名称	禁止用途	禁用动物	靶组织
9	硝基咪唑类：甲硝唑、地美硝唑、洛硝达唑、替硝唑及其盐、酯及制剂	促生长	所有食品动物	所有可食组织
10	催眠、镇静类：安眠酮及制剂	所有用途	所有食品动物	所有可食组织
	催眠、镇静类：氯丙嗪、地西泮（安定）及其盐、酯及制剂	促生长	所有食品动物	所有可食组织
11	林丹（丙体六六六）	杀虫剂	所有食品动物	所有可食组织
12	毒杀芬（氯化烯）	杀虫剂	所有食品动物	所有可食组织
13	呋喃丹（克百威）	杀虫剂	所有食品动物	所有可食组织
14	杀虫脒（克死螨）	杀虫剂	所有食品动物	所有可食组织
15	酒石酸锑钾	杀虫剂	所有食品动物	所有可食组织
16	锥虫胂胺	杀虫剂	所有食品动物	所有可食组织
17	孔雀石绿	抗菌、杀虫剂	所有食品动物	所有可食组织
18	五氯酚酸钠	杀螺剂	所有食品动物	所有可食组织
19	各种汞制剂，包括氯化亚汞（甘汞、硝酸亚汞、醋酸汞、吡啶基醋酸汞）	杀虫剂	所有食品动物	所有可食组织
20	万古霉素及其盐、酯及制剂	所有用途	所有食品动物	所有可食组织
21	卡巴氧及其盐、酯及制剂	所有用途	所有食品动物	所有可食组织

注：引自中华人民共和国农业部公告第193号、第235号、第560号。本标准执行期间，农业部如发布新的《食品动物禁用的兽药及其他化合物清单》，执行新的《食品动物禁用的兽药及其他化合物清单》。

D.2　禁止在饲料和动物饮用水中使用的药物品种及其他物质目录

见表D.2。

表D.2　禁止在饲料和动物饮用水中使用的药物品种及其他物质目录

序号	药物名称
1	β-兴奋剂类：盐酸克仑特罗、沙丁胺醇、硫酸沙丁胺醇、莱克多巴胺、盐酸多巴胺、西马特罗、硫酸特布他林、苯乙醇胺A、班布特罗、盐酸齐帕特罗、盐酸氯丙那林、马布特罗、西布特罗、溴布特罗、酒石酸阿福特罗、富马酸福莫特罗
2	雌激素类：己烯雌酚、雌二醇、戊酸雌二醇、苯甲酸雌二醇、氯烯雌醚
3	雄激素类：苯丙酸诺龙及苯丙酸诺龙注射液
4	孕激素类：醋酸氯地孕酮、左炔诺孕酮、炔诺酮、炔诺醇、炔诺醚
5	促性腺激素：绒毛膜促性腺激素（绒促性素）、促卵泡生长激素（尿促性素，主要含卵泡刺激FSHT和黄体生成素LH）
6	蛋白同化激素类：碘化酪蛋白
7	降血压药：利血平、盐酸可乐定
8	抗过敏药：盐酸赛庚啶
9	催眠、镇静及精神药品类：（盐酸）氯丙嗪、盐酸异丙嗪、安定（地西泮）、硝西泮、奥沙西泮、苯巴比妥、苯巴比妥钠、巴比妥、异戊巴比妥、异戊巴比妥钠、唑吡旦、三唑仑、咪达唑仑、艾司唑仑、甲丙氨脂、匹莫林以及其他国家管制的精神药品
10	抗生素滤渣

注：引自中华人民共和国农业部公告第176号、第1519号。本标准执行期间，农业部如发布新的《禁止在饲料和动物饮用水中使用的物质》，执行新的《禁止在饲料和动物饮用水中使用的物质》

D.3　不得使用的药物品种目录

见表 D.3。

表 D.3　　不得使用的药物品种目录

序号	类别	名称/组方
1	抗病毒药	金刚烷胺、金刚乙胺、阿昔洛韦、吗啉(双)胍(病毒灵)、利巴韦林等及其盐、酯及单、复方特剂
2	抗生素	头孢哌酮、头孢噻肟、头孢曲松(头孢三嗪)、头孢噻吩、头孢拉啶、头孢唑啉、头孢噻啶、罗红霉素、克拉霉素、阿奇霉素、磷霉素、硫酸奈替米星(netilmiein)、克林霉素(氯林可霉素、氯洁霉素)、妥布霉素、胍哌甲基四环素、盐酸甲烯土霉素(美他环素)、两性霉素、利福霉素等及其盐、酯及单、复方制剂
3	合成抗菌药	氟罗沙星、司帕沙星、甲替杀星、洛美沙星、培氟沙星、氧氟沙星、诺氟沙星等及其盐、酯及单、复方制剂
4	农药	井冈霉素、浏阳霉素、赤霉素及其盐、酯及单、复方制剂
5	解热镇痛类等其他药物	双嘧达莫(dipyridamole)、聚肌胞、氟胞嘧啶、代森铵、磷酸伯氨喹、磷酸氯喹、异噻唑啉酮、盐酸地酚诺酯、盐酸溴已新、西咪替丁、盐酸甲氧氯普胺、甲氧氯普胺(盐酸胃复安)、比沙可啶(bisacodyl)、二羟丙茶碱、白细胞介素-2、别嘌醇、多抗甲素(a-甘露聚糖肽)等及其盐、酯及制剂
6	复方制剂	1. 注射用的抗生素与安乃近、氟喹诺酮类等化学合成药物的复方制剂 2. 镇静类药物与解热镇痛药等治疗药物组成的复方制剂

D.4　允许做治疗用但不得在动物性食品中检出的药物

见表 D.4。

表 D.4　允许做治疗用但不得在动物性食品中检出的药物

序号	药物名称	动物种类	动物组织
1	氯丙嗪	所有食品动物	所有可食组织
2	地西泮(安定)	所有食品动物	所有可食组织
3	地美硝唑	所有食品动物	所有可食组织
4	苯甲酸雌二醇	所有食品动物	所有可食组织
5	潮霉素 B	猪/鸡	可食组织
		鸡	蛋
6	甲硝唑	所有食品动物	所有可食组织
7	苯丙酸诺龙	所有食品动物	所有可食组织
8	丙酸睾酮	所有食品动物	所有可食组织
9	塞拉嗪	产奶动物	奶

蜜蜂病虫害综合防治规范

GB/T 19168-2003

前言

本标准的附录 B 为规范性附录，附录 A 为资料性附录。

本标准由中华人民共和国农业部提出并归口。

本标准起草单位：中国农业科学院蜜蜂研究所、山西省晋中种蜂场、农业部蜂产品质量监督检验测试中心（北京）。

本标准主要起草人：周婷、王强、孙丽萍、杜桃柱、陈盛禄、刁青云、王凤忠、霍炜。

1 范围

本标准规定了蜜蜂病虫害防治工作的基本原则和技术方法。

本标准适用于各种蜂场。

2 术语和定义

下列术语和定义适用于本标准。

2.1 病群 diseased colony

具有典型症状的发病蜂群。

2.2 疑是病群 suspicious diseased colony

没有症状但与病群有密切接触的蜂群，其病害可能处于潜伏期。

2.3 假定健康群 supposed health colony

与病群没有密切接触的，表面观察健康的蜂群。

2.4 消毒 disinfection

为防止传染病的发生和蔓延而采取的抑制或杀灭周围环境中病原微生物的方法。

2.4.1 预防性消毒 perventive disinfection

结合平时的饲养管理，对蜂场周围环境、蜂具、蜂箱、仓库等进行的定期消毒。

2.4.2 随时消毒 constant disinfection

在传染病发生时对被病群污染的蜂箱、蜂具和蜂场环境等进行的彻底消毒。

2.4.3 终末消毒 final disinfection

在病群解除隔离之前对隔离区的蜂箱、蜂具等各种用具及环境进行消毒。

2.4.4 机械性消毒 mechanical disinfection

用机械方法(如清扫铲刮、洗涤和通风等)抑制或杀灭周围环境中的病原微生物。

2.4.5 物理消毒 physical disinfection

用物理方法(如日晒、烘烤、灼烧、煮沸等)抑制或杀灭周围环境中的病原微生物。

2.4.6 化学消毒 chemical antisepsis

用化学药物抑制或杀灭周围环境中的病原微生物。

3 蜜蜂病虫害预防要求

3.1 蜂场场址的选择

3.1.1 蜂场要选择在地势高燥、背风向阳、温度适宜、远离噪声的地方;远离铁路、公路、大型公共场所。

3.1.2 定地蜂场周围要有丰富的蜜粉源,并有良好的水源。

3.1.3 要避开有毒蜜粉源植物。

3.1.4 蜂场应远离化工区、矿区、农药厂库、垃圾处理场及经常喷施农药的果园和菜地。

3.1.5 蜂场应远离糖厂和生产含糖量高食品的工厂。

3.1.6 蜂场正前方要避开路灯、诱虫灯等强光源。

3.2 蜂场管理要求和卫生制度

3.2.1 要保持蜂场清洁卫生。在蜜蜂传染病发病期间,及时清理蜂尸、杂物,将清扫物深埋或焚烧,并在蜂场地面撒生石灰消毒。

3.2.2 蜂箱、蜂具按规定进行消毒,及时淘汰霉变、被巢虫蛀咬和传染病发生后的巢脾。不用被蜜蜂病原体污染的饲料喂蜂。

3.2.3　蜂场库房墙壁、地面应易于消毒处理，蜂产品与蜂具在库房内要分类摆放。

3.2.4　不到疫病区购蜂或放蜂。

4　蜜蜂病虫害治疗原则

4.1　隔离

4.1.1　发现传染病，应立即将病群隔离，并报告当地动物检疫单位。同时对蜂群逐群进行检查，根据检查结果分别处理。

4.1.2　病群：选择远离蜂场，不易散播病原体，消毒处理方便的地方隔离治疗。病蜂的蜂产品、蜂具等不得带回健康蜂场。如果属烈性传染病或国内首次发现的传染性病害，应予以焚烧处理。

4.1.3　疑是病群：应另选地方远离健康蜂群进行隔离观察，也可预防性给药。

4.1.4　假定健康群：进行观察，必要时转移到其他地方。

4.1.5　隔离的病群在没有病蜂出现，又过了该传染病潜伏期2倍的时间后，经过全面消毒，可以解除隔离；如果经过传染病后蜂群十分衰弱，失去经济价值，又有带菌(毒)危险的应焚烧蜂群。

4.2　消毒

4.2.1　消毒方式　根据饲养管理及疫病发生情况选择消毒方法。

4.2.2　消毒方法　机械性消毒、物理消毒应配合化学消毒使用。化学消毒方法见附录A表A.1。

4.3　传染性病害的治疗原则

4.3.1　蜜蜂主要传染病、原虫病及常用药物，见附录B表B.1～表B.3。

4.3.2　使用国家规定的药物，按剂量给药。

4.3.3　大流蜜前1个月停止蜂群用药。

4.3.4　使用过药物的生产蜂群，到大流蜜初期应彻底清除巢内存蜜。

4.4　大、小蜂螨综合防治原则

4.4.1　大、小蜂螨寄生率和寄生密度测定按式(1)和式(2)。

$$寄生率(\%)=\frac{有螨蜂数(或有螨蜂房数)}{检查蜂数(或检查蜂房数)}\times 100 \quad \cdots\cdots\cdots\cdots (1)$$

$$寄生密度[螨/蜂(房)]=\frac{大蜂螨总数}{检查蜂数(或检查蜂房数)} \quad \cdots\cdots (2)$$

4.4.2　使用国家允许的杀螨剂。最好几种杀螨剂交替使用。

4.4.3　结合化学防治，同时采用扣王断子和割除雄蜂脾等生物学防治措施综合治螨。

4.4.4　为保证螨寄生率常年控制在危害水平以下，即大流蜜期前螨寄生率为3%(不超过5%)，每年用药1～3次为宜。大流蜜期前1个月停止生产蜂群用药。

4.5　花粉、花蜜等中毒防治原则

4.5.1　引起蜜蜂花粉、花蜜中毒的成分见附录B表B.4。

4.5.2　正确选择蜜源场地，避开有毒蜜粉源植物。

4.5.3　发现中毒，应及时从蜂箱中取出有毒的蜜、粉脾，并予以销毁。

4.5.4　饲喂比例为50%的淡糖浆。

4.5.5　必要时，根据有毒成分的性质饲喂药物：甘露蜜中毒时可用复合维生素B、酵母片等；枣花中毒时，可用4%～5%食醋糖浆。

4.6　化学中毒防治原则

4.6.1　常见化学中毒种类：引起蜜蜂中毒的农药和有害物质有拟除虫菊脂类、有机氯类、有机磷类和氨基甲酸酯类农药，工业污染包括工业烟雾、粉尘、废水等。

4.6.2　经常了解蜂场所在地所施农药种类和施药时间，对蜂群毒性大时，应尽早撤离；毒性较小，暂闭巢门1～2天，同时打开蜂箱通气窗。

4.6.3　发现中毒，应及时从蜂箱中取出污染的蜜、粉脾，并予以销毁。

4.6.4　有机磷、有机氯农药中毒时，可在20%糖浆中加0.1%食用碱喂蜂。

附录 A

（资料性附录）

表 A.1　　化学消毒药物及使用方法

名　称	常用浓度(%)及作用时间	配　制	作用范围	使用方法	备　注
84 消毒液	0.4% 作用 10 min 用于细菌污染物。5%作用 90 min 用于病毒污染物	水溶液	细菌、芽孢、病毒、真菌	蜂箱、蜂具洗涤，巢脾浸泡，金属物品洗涤时间不宜过长	日用百货店有售，避光贮存
漂白粉	5%～10%作用 30 min～2 h	水溶液	细菌、芽孢、病毒、真菌	蜂箱洗涤，巢脾、蜂具浸泡 1～2 h，金属物品洗涤时间不宜过长。水源消毒：1 m^3 河水、井水加漂白粉 6～10 g，30 min 后可饮用	
食用碱(Na_2CO_3)	3%～5%水溶液作用 30 min～2 h	水溶液	细菌、病毒、真菌	蜂箱洗涤，巢脾(2 h)，蜂具、衣物浸泡 30 min～1 h，越冬室、仓库墙壁、地面喷洒	
石灰乳	10%～20%水溶液	1 份生石灰加 1 份水制成消石灰，再加水配成 10%～20%悬液	细菌、芽孢、病毒、真菌	10%～20%水溶液粉刷越冬室、工作室、仓库墙壁、地面。现配消石灰粉，撒布蜂场地面	现配现用
饱和食盐水	36%水溶液作用 4 h 以上	水溶液	细菌、真菌、孢子虫、阿米巴、巢虫	蜂箱、巢脾、蜂具浸泡 4 h 以上	

（续表）

名　称	常用浓度(%)及作用时间	配　制	作用范围	使用方法	备　注
冰醋酸	80%～98%熏蒸1～5天	10～20 ml/箱	蜂螨、孢子虫、阿米巴、蜡螟的幼虫和卵	每只蜂箱用80%～98%冰醋酸10～20 ml，洒在布条上，每个欲消毒巢脾的继箱挂一片。将箱体摞好、糊好缝，盖好箱盖熏蒸24 h，气温低于18℃，应延长熏蒸时间至3～5天	
福尔马林	2%～4%福尔马林水溶液	1份福尔马林加水9～18份	细菌、芽孢、病毒、孢子虫、阿米巴	2%～4%福尔马林水溶液喷洒越冬室、工作室、仓库墙壁、地面。也可1～3 g/ml，加热熏燕。4%福尔马林水溶液浸泡蜂箱、巢脾、蜂具12 h	注意密闭
	原液熏蒸	每只继箱用量：福尔马林10 ml，热水5 ml工，高锰酸钾10 g	细菌、芽孢、病毒、孢子虫、阿米巴	福尔马林和热水加入容器，放入擦好的箱体中，蜂箱间用纸糊好，再加入高锰酸钾立即盖好，密闭12 h，室内消毒(每立方米)：30 ml福尔马林、30 ml水、18 g高锰酸钾	注意密闭
硫磺(燃烧时产生二氧化硫)	粉剂熏蒸24 h以上，2～5 g/蜂箱		蜂螨、螟蛾、巢虫、真菌	5个蜂箱为一体，每个继箱8张巢脾，巢箱中放一瓷容器。使用时，将燃烧的木炭放入容器内，立即将硫磺撒在木炭上，密闭蜂箱，熏蒸12 h以上	由于该药对卵、封盖幼虫及蛹无效，每隔7天要重复一次。连续重复2～3次

1. 根据消毒药的类型与本蜂场的常见病、多发病选择消毒药。
2. 无论使用何种化学消毒剂，以浸泡和洗涤形式处理的，消毒过后都用清水将药品洗涤干净，巢脾用分蜜机摇出巢中水分；熏燕消毒的蜂具等，应在流通空气中放置72 h以上。
3. 巢脾上如有花粉等存在，消毒的浸泡时间可视药品作用时间而适当延长，以达到消毒确实的目的。

附录B

（规范性附录）

表B.1　　　　蜜蜂细菌性传染病及其防治

类别	病　名	病　原	危　害	常用剂量（10框蜂每次用量）
幼虫病	美洲幼虫腐臭病	幼虫芽孢杆菌 G^+	封盖后幼虫死亡	红霉素0.05 g喷雾或饲喂，隔日一次，连用5～7次为一疗程
	欧洲幼虫腐臭病	蜂房蜜蜂球菌 G^+	2～3日龄幼虫死亡	
成蜂病	蜜蜂败血病	蜜蜂败血杆病 G^-	成蜂死亡解体	氟哌酸0.025 g喷雾或饲喂，隔日一次，连用5～7次为一疗程
	蜜蜂副伤寒	副伤寒杆菌 G^-	成蜂腹泻、死亡	

表B.2　　　　蜜蜂螺原体病和病毒病及其防治

类别	病　名	病　原	危　害	常用剂量（10框蜂每次用量）
成蜂螺原体病	蜜蜂螺原体病	蜜蜂螺原体	成蜂死亡	红霉素0.05 g喷雾或饲喂，隔日一次，连用5～7次为一疗程
幼虫病毒病	囊状幼虫病	囊状幼虫病毒	封盖后幼虫死亡	盐酸金刚烷胺片0.05 g喷雾或饲喂，隔日一次，连用5～7次为一疗程，对病毒有一定抑制作用
蛹病毒病	蜜蜂蛹病	蛹病毒	蛹死亡	
成蜂病	慢性麻痹病 急性麻痹病 云翅病毒病 克什米尔病毒病等	慢性麻痹病病毒 急性麻痹病病毒 云翅病毒病病毒 克什米尔病毒病病毒	成蜂死亡	盐酸金刚烷胺片0.05 g喷雾或饲喂，隔日一次，连用5～7次为一疗程，对病毒有一定抑制作用

表 B.3　蜜蜂真菌病和原虫病及其防治

类别	病　名	病　原	危　害	常用剂量（10 框蜂每次用量）
幼虫真菌病	白垩病	蜂囊球菌	幼虫死亡呈石灰质状	制霉菌素 10 万 IU 喷雾或饲喂，隔日一次，连用 5～7 次为一疗程
	黄曲霉病	黄曲霉菌	幼虫死亡呈石子状，成蜂死亡	
蜂王真菌病	蜂王卵巢黑变病	黑色素沉积真菌	蜂王生殖系统变黑，停止产卵	
成蜂原虫病	孢子虫病	蜜蜂微孢子虫	成蜂下痢死亡	1 000 ml 糖浆中加入 4 ml 食醋，250 ml/(次·10 框蜂)，2～3 天一次，连用 4～5 次为一疗程
	阿米巴原虫病	马氏管变形虫	成蜂下痢死亡	

注：10 框蜂一次用药量加入 250 ml 1∶1糖水中喂蜂，或加入淡糖水中喷洒

表 B.4　引起蜜蜂花粉、花蜜中毒的植物及有毒成分

植物名称	有毒成分
黎芦、毛葛、乌头、白头翁、杜鹃、苦皮藤、博落回、羊踯躅、曼陀罗、喜树	生物碱、糖苷、毒蛋白、多肽、胺类、草酸盐、多糖等
甘露蜜	糊精、无机盐
茶花	花蜜中的半乳糖
枣花	生物碱、钾含量过高
油茶	花蜜中的半乳糖

《有机产品》中的“蜜蜂和蜂产品”部分

第1部分:生产

GB/T 19630.1-2011

1　范围

GB/T 19630的本部分规定了植物、动物和微生物产品的有机生产通用规范和要求。

本部分适用于有机植物、动物和微生物产品生产、收获和收获后处理包装、贮藏和运输。

2　规范性引用文件

下列文件对于本文件的应用是必不可少的。凡是注日期的引用文件,仅注日期的版本适用于本文件。凡是不注日期的引用文件,其最新版本(包括所有的修改单)适用于本文件。

GB 3095　环境空气质量标准

GB 5084　农田灌溉水质标准

GB 5749　生活饮用水卫生标准

GB 9137　保护农作物的大气污染物最高允许浓度

GB 11607　渔业水质标准

GB 15618　土壤环境质量标准

GB 18596　畜禽养殖业污染物排放标准

GB/T 19630.2-2011　有机产品　第2部分:加工

GB/T 19630.4-2011　有机产品　第4部分:管理体系

3　术语和定义

下列术语和定义适用于本文件。

3.1　有机农业 organic agriculture

遵照特定的有机农业生产原则,在生产中不采用基因工程获得的生物及其产物,不使用化学合成的农药、化肥、生长调节剂、饲料添加剂等物质，遵循自然规律和生态学原理，协调种植业和养殖业的平衡，采用一系列可持续发展的农业技术以维持持续稳定的农业生产体系的一种农业生产方式。

3.2 **有机产品** organic product

按照本标准生产、加工、销售的供人类消费、动物食用的产品。

3.3 **常规** conventional

生产体系及其产品未按照本标准实施管理的。

3.4 **转换期** conversion

从按照本标准开始管理至生产单元和产品获得有机认证之间的时段。

3.5 **平行生产** parallel production

在同一生产单元中，同时生产相同或难以区分的有机、有机转换或常规产品的情况。

3.6 **缓冲带** buffer zone

在有机和常规地块之间有目的设置的、可明确界定的用来限制或阻挡邻近田块的禁用物质漂移的过渡区域。

3.7 **投入品** input

在有机生产过程中采用的所有物质或材料。

3.8 **养殖期** animal life cycle

从动物出生到作为有机产品销售的时间段。

3.9 **顺势治疗** homeopathic treatment

一种疾病治疗体系，通过将某种物质系列稀释后使用来治疗疾病，而这种物质若未经稀释在健康动物上大量使用时能引起类似于所欲治疗疾病的症状。

3.10 **植物繁殖材料** propagating mateyial

在植物生长或繁殖中使用的除一年生植物的种苗以外的植物或植物组织，包括但不限于根茎、芽、叶、插扦苗、根、块茎。

3.11 **生物多样性** biological diversity

地球上生命形式和生态系统类型的多样性，包括基因的多样性、物种的多样性和生态系统的多样性。

3.12 基因工程技术 genetic engineering

转基因技术 genetic modification

通过自然发生的交配与自然重组以外的方式对遗传材料进行改变的技术，包括但不限于重组脱氧核糖核酸、细胞融合、微注射与宏注射、封装、基因删除和基因加倍。

3.13 基因工程生物 genetically engineered organism

转基因生物 genetically modified organism

通过基因工程技术/转基因技术改变了其基因的植物、动物、微生物。不包括接合生殖、转导与杂交等技术得到的生物体。

3.14 辐射 irradiation；ionizing radiation

放射性核素高能量的放射，能改变食品分子结构，以控制食品中的微生物、病菌、寄生虫和害虫，达到保存食品或抑制诸如发芽或成熟等生理过程。

10 蜜蜂和蜂产品

10.1 转换期

10.1.1 蜜蜂养殖至少应经过12个月的转换期。

10.1.2 处于转换期的养蜂场，如果不能从市场或者其他途径获得有机蜂蜡加工的巢础，经批准可使用常规的蜂蜡加工的巢础，但应在12个月内更换所有的巢础，若不更换，则认证机构可以决定延长转换期。

10.2 蜜蜂引入

10.2.1 为了蜂群的更新，有机生产单元可以每年引入10%的非有机的蜂王和蜂群，但放置蜂王和蜂群的蜂箱中的巢脾或巢础应来自有机生产单元。在这种情况下，可以不经过转换期。

10.2.2 由健康问题或灾难性事件引起蜜蜂大量死亡，且无法获得有机蜂群时，可以利用非有机来源的蜜蜂补充蜂群，且应满足10.1的要求。

10.3 采蜜范围

10.3.1 养蜂场应设在有机农业生产区内或设在至少 36 个月未使用过禁用物质的区域内。

10.3.2 在生产季节里，距蜂场半径 3 km 范围（采蜜半径）内应有充足的蜜源植物，包括有机生产的作物、自然植被或环境友好方式种植的作物，以及清洁的水源。

10.3.3 蜂箱半径 3 km 范围内不应有任何可能影响蜂群健康的污染源，包括使用过禁用物质的花期的作物、花期的转基因作物、高尔夫球场、垃圾场、大型居民点、繁忙路段等。

10.3.4 当蜜蜂在天然（野生）区域放养时，应考虑对当地昆虫种群的影响。

10.3.5 应明确划定蜂箱放置区域和采蜜范围。

10.4 蜜蜂的饲喂

10.4.1 采蜜期结束时，蜂巢内应存留足够的蜂蜜和花粉，以备蜜蜂过冬。

10.4.2 非采蜜季节，应为蜜蜂提供充足的有机蜂蜜和花粉。

10.4.3 在蜂群由于气候条件或者其他特殊情况缺失蜂蜜面临饥饿时，可以进行蜜蜂的人工饲喂，但只能在最后一次采蜜期和在下一次流蜜期开始前 15 天之间进行。如果能够得到有机蜂蜜或有机糖浆，应饲喂有机生产的蜂蜜或糖浆。无法获得有机蜂蜜或有机糖浆，经认证机构许可可以在规定的时间内饲喂常规蜂蜜或糖浆。

10.5 疾病和有害生物防治

10.5.1 应主要通过蜂箱卫生和管理来保证蜂群健康和生存条件，以预防寄生螨及其他病虫害的发生。具体措施包括：

(a) 选择适合当地条件的健壮蜂群，淘汰脆弱蜂群；

(b) 采取适当措施培育和筛选抗病和抗寄生虫的蜂王；

(c) 定期对设施进行清洗和消毒；

(d) 定期更换巢脾;

(e) 在蜂箱内保留足够的花粉和蜂蜜;

(f) 蜂箱应逐个标号,以便于识别,而且应定期检查蜂群。

10.5.2 在已发生疾病的情况下,应优先采用植物或植物源制剂治疗或顺势疗法;不得在流蜜期之前 30 天内使用植物或植物源制剂进行治疗,也不得在继箱位于蜂箱上时使用。

10.5.3 在植物或植物源制剂治疗和顺势疗法无法控制疾病的情况下,可使用表 B.3 中的物质控制病害并可用表 B.3 中的物质对蜂箱或养蜂工具进行消毒。

10.5.4 应将有患病蜜蜂的蜂箱放置到远离健康蜂箱的医治区或隔离区。

10.5.5 应销毁受疾病严重感染的蜜蜂生活过的蜂箱及材料。

10.5.6 不应使用抗生素或其他未列入表 B.3 中的物质,但当整个蜂群的健康受到威胁时例外。经过处理后的蜂箱应立即从有机生产中撤出并作标识,同时应重新经过 12 个月的转换期,当年的蜂产品也不能被认证为有机产品。

10.5.7 只有在被螨虫感染时,才允许杀死雄蜂群。

10.6 蜂王和蜂群的饲养

10.6.1 鼓励交叉繁育不同种类的蜂群。

10.6.2 可进行选育,但不应对蜂王人工授精。

10.6.3 可为了替换蜂王而杀死老龄蜂王,但不应剪翅。

10.6.4 不应在秋天捕杀蜂群。

10.7 蜂蜡和蜂箱

10.7.1 蜂蜡应来自有机养蜂的生产单元。

10.7.2 加工的蜂蜡应能确保供应有机养蜂场的巢础。

10.7.3 在新组建蜂群或转换期蜂群中可以使用非有机的蜂蜡,但是应满足以下条件:

(a) 无法从市场上获得有机蜂蜡；

(b) 有证据证明常规蜂蜡未受有机生产中禁用物质的污染，并且来源于蜂盖蜡。

10.7.4　不应使用来源不明的蜂蜡。

10.7.5　蜂箱应用天然材料(如未经化学处理的木材等)或涂有有机蜂蜡的塑料制成，不应用木材防腐剂及其他禁用物质处理过的木料来制作和维护蜂箱。

10.7.6　蜂箱表面不应使用含铅油漆。

10.8　蜂产品收获与处理

10.8.1　蜂箱管理和蜂蜜收获方法应以保护蜂群和维持蜂群为目标；不应为提高产量而杀死蜂群或破坏蜂蛹。

10.8.2　在蜂蜜提取操作中不应使用化学驱避剂。

10.8.3　不应收获未成熟蜜。

10.8.4　在去除蜂蜜中的杂质时，加热温度不得超过 47℃，应尽量缩短加热过程。

10.8.5　不应从正在进行孵化的巢脾中摇取蜂蜜(中蜂除外)。

10.8.6　应尽量采用机械性蜂房脱盖，避免采用加热性蜂房脱盖。

10.8.7　应通过重力作用使蜂蜜中的杂质沉淀出来，如果使用细网过滤器，其孔径应大于等于 0.2 mm。

10.8.8　接触蜂蜜的所有材料表面应当是不锈钢或涂有有机蜂蜡。

10.8.9　盛有蜂蜜容器的表面应使用食品和饮料包装中许可的涂料涂刷，并用有机蜂蜡覆盖。不应使蜜蜂接触电镀的金属容器或表面已氧化的金属容器。

10.8.10　防止蜂蜜进入蜂蜜提取设施。

10.8.11　提取设施应当每天用热水清洗以保持清洁。

10.8.12　不应使用氰化物等化学合成物质作为熏蒸剂。

10.9 蜂产品贮存

10.9.1 成品蜂蜜应密封包装并在稳定的温度下贮存，以避免蜂蜜变质。

10.9.2 提蜜和贮存蜂蜜的场所，应防止虫害和鼠类多的入侵。

10.9.3 不应对贮存的蜂蜜和蜂产品使用萘等化学合成物质来控制蜡螟等害虫。

表 B.3 蜜蜂养殖允许使用的疾病和有害生物控制物质

名 称	使用条件
甲酸(蚁酸)	控制寄生螨。这种物质可以在该季最后一次蜂蜜收获之后并且在添加贮蜜继箱之前 30 天停止使用
乳酸、醋酸、草酸	控制病虫害
薄荷醇	控制蜜蜂呼吸道寄生螨
天然香精油(麝香草酚、桉油精或樟脑)	驱避剂
氢氧化钠	控制病害
氢氧化钾	控制病害
氯化钠	控制病害
草木灰	控制病害
氢氧化钙	控制病害
硫磺	仅限于蜂箱和巢脾的消毒
苏云金杆菌	非转基因
漂白剂(次氯酸钙、二氧化氯或次氯酸钠)	养蜂工具消毒
蒸汽和火焰	蜂箱的消毒
琼脂	仅限水提取的
杀鼠剂(维生素 D)	用于控制鼠害，以对蜜蜂和蜂产品安全的方式使用

中华蜜蜂种蜂王

DB37/T 2227-2012

前言

本标准按照 GB/T 1.1-2009 给出的规则起草。

本标准由山东省畜牧业标准化技术委员会提出。

本标准由山东省畜牧业标准化技术委员会归口。

本标准负责起草单位:山东省蜂业与蜂产品质量检验所。

本标准主要起草人:刘新迎、姜风涛、胡智胜。

1 范围

本标准规定了山东中华蜜蜂种蜂王的定义、要求、试验方法、分级标准和检验规则。

本标准适用于山东境内中华蜜蜂种蜂王的选育、鉴定和销售。

2 规范性引用文件

下列文件对于本文件的应用是必不可少的。凡是注日期的引用文件,仅所注日期的版本适用于本文件。凡是不注日期的引用文件,其最新版本(包括所有的修改单)适用于本文件。

NY/T 1159 中华蜜蜂种蜂王

农医发[2010]41 号文 蜜蜂检疫规程

3 术语和定义

下列术语和定义适用于本文件。

3.1 中华蜜蜂 Chinese Honeybee

我国境内东方蜜蜂的统称。目前已知分布我国除新疆外的广大山区和半山区。

3.2 中华蜜蜂种蜂王 The Queen Of Chinese Honeybee

分布于山东境内,经过长期进化繁衍形成适应本地环境的能正常产卵的雌性中华蜜蜂。

3.3 囊状幼虫病 Sacbrood

由蜜蜂囊状幼虫病毒引起的蜜蜂幼虫病。症状是蜜蜂幼虫封盖后3～4天不能化蛹,虫体伸直,用镊子很容易从巢房中拉出呈囊状的幼虫。

3.4 欧洲幼虫腐臭病 European Foulbrood

由蜂房蜜蜂球菌引起的蜜蜂幼虫病。症状是3～4日龄幼虫染病后,初呈扁平苍白色,失去正常的饱满和光泽后腐烂,虫体呈溶解性腐败,有酸臭气味。

4 要求

4.1 形态特征要求

成年蜂王体色为黑色或棕红色,全身覆盖黑色和深黄色混合短绒毛;腹部圆长、体大匀称、行动稳健、发育正常;初生蜂王体长17～22 mm,初生体重150～180 mg。

4.2 经济性状要求

4.2.1 繁殖力:在一般饲养条件下,成年蜂王正常繁育期产卵量平均每天750粒以上。

维持群势的能力:蜂群繁殖盛期维持4足框以上的群势。

5 实验方法

5.1 外貌特征

目测。

5.2 体长

蜂王出台10 min后,将蜂王用二氧化碳气体麻醉后,用直尺测量。

5.3 初生体重

用分析天平称量。

5.4 繁殖力

用单位面积的封盖子数量表示。

用4.4 cm×4.4 cm的方格网进行测量,每一单元格内约含100个中蜂封盖巢房。统计整群的封盖巢房数量,然后除以11。

5.5 维持群势的能力

目测。

6 分级标准

6.1 评分标准

用百分制记分，见表1。

表1 评分标准

项目	满分	子项目	评分
体长（mm）	10	＞18	10
		14～18	5
		＜14	0
体色	10	黑色或棕红色	10
		杂色	5
初生体重（mg）	25	＞170	25
		160～169	20
		150～159	10
		＜150	0
繁殖力（粒）	25	＞850	25
		750～849	20
		650～749	15
		550～649	10
		＜549	0
维持最大群势（框）	30	＞4	30
		3～4	20
		2～3	10
		＜2	0

6.2　分级标准

一级种蜂王:得分 85～100;二级种蜂王:得分 70～80;三级种蜂王:得分 60～65;60 分以下不能为种蜂王。

7　检验规则

7.1　应对种蜂王的外形特征和体重进行逐一检查和称重。

7.2　种蜂王在使用前应根据《蜜蜂检疫规程》和 NY/T 1159 规定的方法,进行囊状幼虫病和欧洲幼虫腐臭病的检测,患病蜂群培育的种蜂王不得使用和销售。

二、生产质量管理

食品生产许可 QS

一、QS

食品“生产许可”(Qiyeshipin Shengchanxuke)的缩写。带有QS标志的产品是必须经过强制性检验合格后，允许在最小销售单元的食品包装上标注食品生产许可证编号并加印食品市场准入标志(“QS”标志)后才能出厂销售。

二、QS 认证主要内容

1. 对食品生产企业实施食品生产许可证制度。对于具备基本生产条件、能够保证食品质量安全的企业，发放《食品生产许可证》，准予生产获证范围内的产品；凡不具备保证产品质量必备条件的企业不得从事食品生产加工。

2. 对企业生产的产品出厂时实施强制检验。未经检验或检验不合格的食品不准出厂销售。对于不具备自检条件的生产企业强令实行委托检验。

3. 对实施食品生产许可证制度，检验合格的食品加贴市场准入标志，即 QS 标志。

蜂产品生产许可证审查细则

一、发证产品范围及申证单元

实施食品生产许可证管理的蜂产品包括蜂蜜和蜂王浆(含蜂王浆冻干品)。

实施食品生产许可证管理的蜂蜜指蜜蜂采集植物的花蜜、分泌物或蜜露,与自身分泌物结合后,经过充分酿造而成的天然甜物质(原料蜜),经过滤、脱水(根据需要)、灌装加工而成的产品;实施食品生产许可证管理的蜂王浆(别名:蜂皇浆)指工蜂舌腺和上腭腺分泌的,主要用于饲喂蜂王的浆状物质,经过滤、加工制作而成的蜂王浆及蜂王浆冻干品产品。

蜂产品的申证单元为2个:蜂蜜;蜂王浆(含蜂王浆冻干品)。

在生产许可证上应当注明获证产品名称及品种,分装企业还应单独注明分装。蜂产品生产许可证有效期为3年,其产品类别编号为2601。

二、基本生产流程及关键控制环节

(一)基本生产流程

1.蜂蜜。

原料蜂蜜—融蜜—粗滤—精滤—真空脱水(根据需要)—过滤—灌装—装箱

分装生产流程:成品蜜—融蜜(根据需要)—灌装—装箱

2.蜂王浆(含蜂王浆冻干品)。

(1)蜂王浆:原料蜂王浆—解冻—过滤—包装—冷藏

分装生产流程:成品蜂王浆解冻—包装

(2)蜂王浆冻干品:原料蜂王浆—解冻—过滤—真空冷冻干燥—粉碎—成型—包装

分装生产流程:成品—包装

（二）关键控制环节

1. 原材料的质量控制。

2. 过滤过程控制。

3. 蜂王浆贮存和运输过程温度控制。

4. 灌装（包装）过程的卫生控制。

5. 蜂王浆冻干品加工过程温度、湿度控制。

（三）容易出现的质量安全问题

1. 蜂蜜中药残、农残超标。

2. 蜂蜜淀粉酶值和羟甲基糠醛不符合标准要求。

3. 蜂蜜、蜂王浆掺假。

4. 蜂王浆中10-羟基-2-癸烯酸不符合标准要求。

三、必备的生产资源

（一）生产场所

蜂产品企业应具备与生产能力相适应的原辅料仓库、加工车间、包装车间、成品库。生产用厂房能满足工艺要求。厂房与设施必须根据工艺流程合理布局，并便于卫生管理和清洗。

1. 灌装车间应相对密封，入口处应设有人员和物流净化设施。

2. 车间内地面及墙壁做到能够冲洗并保持清洁，分别设有独立的投料间和灌装间。

3. 在加工过程中，蜂王浆应在室温下（25℃以下）解冻，从解冻到完成加工不得超过24 h。原料、成品应在－18℃以下冷藏（不包括常温保存的产品）。

4. 蜂王浆冻干品生产环境的洁净度和温湿度（相对湿度在45％以下，储存温度在20℃以下）应满足工艺要求。

（二）必备生产设备

1. 蜂蜜。

周转桶、原料罐、过滤设施、真空浓缩设备（根据需要）、成品罐、容器清洗消毒设施、灌装设施。

分装企业应具备周转桶、原料罐、容器清洗消毒设施、灌装设施。

2. 蜂王浆（含蜂王浆冻干品）。

蜂王浆：冷藏保鲜库或其他相应的储存设施（－18℃以下）、过滤设备、冷藏运输工具、容器清洗消毒设施、灌装设施、温湿度控制设备、包装设备。

分装企业应具有温湿度控制设备和包装设备。

蜂王浆冻干品：冷藏保鲜库或其他相应的储存设施（－18℃以下）、过滤设备、冷藏运输工具、真空冷冻干燥设备、粉碎设备、成型设备、空气净化设备及温湿度控制设备、包装设备。

分装企业应具有空气净化设备及温湿度控制设备、包装设备。

注：与蜂蜜直接接触的设备为不锈钢制成，加工前后应清洗消毒并有记录。

四、产品相关标准

GB 18796-2005《蜂蜜》、GB 14963-2003《蜂蜜卫生标准》、GB/T 9697-2002《蜂王浆》、GB 19330-2003《原产地域产品　饶河（东北黑蜂）、蜂蜜、蜂王浆、蜂胶、蜂花粉》、备案有效的企业标准。

注：GB 18796-2005《蜂蜜》、GB 14963-2003《蜂蜜卫生标准》这两个标准已作废，现执行 GB 14963-2011《食品安全国家标准　蜂蜜》；GB/T 9697-2002《蜂王浆》已作废，现执行 GB9697-2008《蜂王浆》。

五、原辅材料的有关要求

企业生产的蜂蜜及蜂王浆的原辅材料、包装材料必须符合相应的国家标准、行业标准、地方标准的规定，不得含有蜜源植物的有毒物质。

使用的原辅材料为实施生产许可证管理的产品，必须选用获得生产许可证企业生产的合格产品。

六、必备的出厂检验设备

（一）蜂蜜：分析天平（0.1 mg）、天平（0.1 g）、分光光度计、恒温水浴埚、阿贝折射仪、无菌室或超净工作台、微生物培养箱、灭菌埚、生物显微镜、干燥箱。

(二)蜂王浆:天平(0.1g)、分析天平(0.1 mg)、减压干燥箱、液相或气相色谱仪。

七、检验项目

蜂产品的发证检验、监督检验和出厂检验按表中列出的检验项目进行。对各类各品种的主导产品带“*”号标记的出厂检验项目,企业应每年检验2次。

蜂蜜产品质量检验项目表

序号	检验项目	发证	监督	出厂	备　注
1	感官	√	√	√	
2	水分	√	√	√	
3	果糖和葡萄糖含量	√	√	*	
4	蔗糖	√	√	√	
5	灰分	√	√	*	
6	羟甲基糠醛	√	√	√	
7	酸度	√	√	*	
8	淀粉酶活性	√	√	√	
9	铅	√	√	*	
10	锌	√	√	*	
11	四环素族抗生素残留量	√	√	*	
12	菌落总数	√	√	√	
13	大肠菌群	√	√	√	
14	致病菌	√	√	*	
15	霉菌	√	√	*	
16	标签	√	√		
17	净含量	√	√	√	大桶装产品可不检此项

蜂王浆产品质量检验项目表

序号	检验项目	发证	监督	出厂	备　注
1	感官	√	√	√	
2	水分	√	√	√	
3	10-羟基-2-癸烯酸	√	√	√	
4	蛋白质	√	√	*	
5	灰分	√	√	*	
6	酸度	√	√	*	
7	总糖	√	√	*	
8	淀粉	√	√	*	
9	标签	√	√		
10	净含量	√	√	√	

八、抽样方式

根据企业所申报的发证产品品种，在企业成品库内按照每个申证单元随机抽取 1 种品种进行发证检验。所抽样品须为同一批次保质期内的产品。抽样基数：蜂蜜不得少于 100 kg；蜂王浆（含蜂王浆冻干品）不得少于 10 kg。抽样数量：蜂蜜随机抽取 2 kg（不少于 8 个最小包装）；蜂王浆随机抽取 1 kg，蜂王浆冻干品为 0.5 kg（不少于 6 个最小包装），样品平均分成两份，一份检验，一份备查。

如果生产企业只生产大包装产品，核查组应在成品库中随机抽取 4 件，抽样数量：蜂蜜不少于 2 kg，蜂王浆不少于 1 kg，蜂王浆冻干品不少于 0.5 kg。

样品确认无误后，由核查组抽样人员与被抽查单位在抽样单上签字、盖章、当场封存样品，并加贴封条，封条上应有抽样人员签名、抽样单位盖章及抽样日期。

九、其他要求

（一）包装钢桶应符合 GH/T 1015《蜂蜜包装钢桶》要求，塑料包装桶应符合相应食品包装标准要求。不得使用镀锌桶或盛装过农药、燃料油、食用油或其他化工产品的包装容器。

（二）盛装蜂王浆的容器应用清水刷洗干净，并用 75％食用酒精（或其他方法）消毒。

蜂花粉及蜂产品制品生产许可证审查细则

（2006 版）

一、发证产品范围及申证单元

本细则是对蜂产品生产许可证细则的补充，在原细则的基础上增加了两个申证单元：蜂花粉和蜂产品制品。

蜂花粉指蜜蜂采集被子植物雄蕊花药或裸子植物小孢子囊内花粉细胞而形成团粒状物（原料蜂花粉）经干燥、去杂、消毒灭菌加工制作而成的蜂花粉；蜂产品制品指蜂蜜、蜂王浆（含蜂王浆冻干品）、蜂花粉、蜂胶的提取物、混合物，或以蜂蜜、蜂王浆（含蜂王浆冻干品）、蜂花粉、蜂胶为主要原料添加其他物质（如食品添加剂、营养强化剂、植物提取物、其他食品等），经科学加工而制成的具有蜂产品基本特性的产品。

在生产许可证上应当注明获证产品名称及品种，即蜂产品［蜂蜜、蜂王浆（含蜂王浆冻干品）、蜂花粉、蜂产品制品］。分装企业还应单独注明分装。蜂产品生产许可证有效期为 3 年，其产品类别编号为 2601。

二、基本生产流程及关键控制环节

（一）基本生产流程

1. 蜂花粉。

原料蜂花粉—干燥—去杂—消毒灭菌—破壁（根据需要）—包装

分装企业生产流程：成品蜂花粉—包装

2. 蜂产品制品。

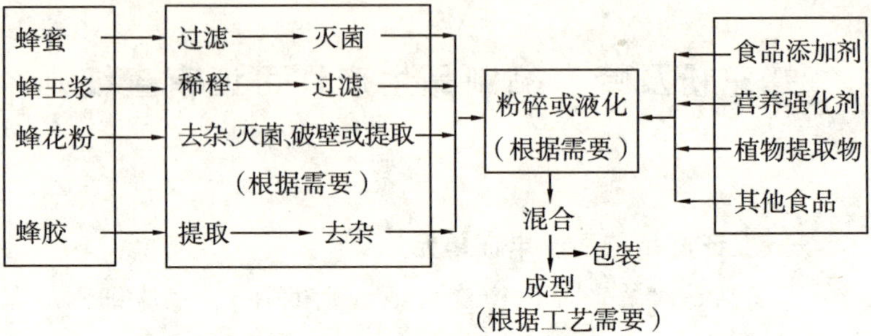

分装企业生产流程：成品蜂产品制品—包装

（二）关键控制环节

1. 原材料的质量控制；

2. 灌装（包装）过程的卫生控制；

3. 蜂花粉去杂、灭菌过程控制；

4. 蜂产品制品混合过程质量控制；

5. 蜂产品制品中食品添加剂及营养强化剂的使用控制。

（三）容易出现的质量安全问题

1. 蜂花粉水分含量不符合标准要求；

2. 原料蜂胶中药物残留或重金属超标；

3. 蜂产品制品中食品添加剂及营养强化剂超量、超范围使用；

4. 蜂产品制品微生物指标不符合标准要求。

三、必备的生产资源

（一）生产场所

蜂产品企业应具备与生产能力相适应的原辅料仓库、加工车间、包装车间、成品库。生产用厂房能满足工艺要求。厂房与设施必须根据工艺流程合理布局，并便于卫生管理和清洗。

1. 灌装车间应相对密封，入口处应设有人员和物品净化设施。

2. 车间内地面及墙壁做到能够冲洗并保持清洁，分别设有独立的投料间和灌装间。

3. 蜂花粉的粉碎车间应保持空气洁净，飞溅的花粉粉末应得到有效去除和隔离。

4. 蜂胶、蜂花粉浸提车间应有对溶剂进行保管控制的设施。

5. 胶囊、片剂等固体产品需要保持环境干燥的，应严格控制温度与湿度。

(二)必备的生产设备

1. 蜂花粉。

干燥设施、筛选设备、消毒灭菌设施、花粉破壁或提取设施(根据需要)、灌装设备、包装设备。

分装企业应具有灌装设备、包装设备。

2. 蜂产品制品。

原料预处理设备(如粉碎设备、过滤设备、灭菌设备、筛选设备、干燥设施、提取设施、去杂设施、浓缩设施以及其他满足工艺要求的设备、设施)、调配罐、混合设施、成型设备(如制粒设备、压片设备、粉碎设备、干燥设备等)、灌装设备、包装设备。

蜂产品生产过程需要的滤材应选用无纤维脱落且符合卫生要求的，禁止使用石棉作滤材。粉碎、压片、整粒设备应选用符合卫生要求的材料制作。

分装企业应具有灌装设备、包装设备。

四、产品相关标准

GB 19330-2003《原产地域产品　饶河(东北黑蜂)、蜂蜜、蜂王浆、蜂胶、蜂花粉》、GH/T 1014-1999《蜂花粉》、GB 14891.2-1994《辐照花粉卫生标准》及备案有效的企业标准。

蜂产品制品所执行的企业标准原则上要包括本细则中所要求的全部检验项目。如有特殊情况，企业必须在申请时说明理由，由审查组加以确认。

五、原辅材料的有关要求

企业生产的蜂花粉以及蜂产品制品的原辅材料、包装材料必须符合相应的国家标准、行业标准、地方标准的规定，不得含有源自蜜源、粉源和胶源植物的有毒物质。

使用的原辅材料为实施生产许可证管理的产品，必须选用获得生产许可证企业生产的产品。

六、必备的出厂检验设备

分析天平（0.1 mg）、天平（0.1 g）、无菌室或超净工作台、微生物培养箱、灭菌埚、生物显微镜、干燥箱、花粉图谱（适用于蜂花粉）。

七、检验项目

蜂产品的发证检验、监督检验和出厂检验按表中列出的检验项目进行。对各类各品种的主导产品带“*”号标记的出厂检验项目，企业应当每年检验2次。

蜂花粉产品质量检验项目表

序号	检验项目	发证	监督	出厂	备注
1	感官要求	√	√	√	
2	水分	√	√	√	
3	杂质	√	√	√	
4	灰分	√	√	*	
5	维生素C	√	√	*	
6	蛋白质	√	√	*	
7	碎蜂花粉率	√	√	√	
8	单一品种蜂花粉率	√	√	√	仅对单一品种蜂花粉有要求
9	铅	√	√	*	
10	砷	√	√	*	
11	汞	√	√	*	
12	六六六、DDT	√	√	*	
13	菌落总数	√	√	√	
14	大肠菌群	√	√	√	
15	致病菌	√	√	*	
16	霉菌	√	√	*	
17	标签	√	√		
18	净含量	√	√	√	

蜂产品制品质量检验项目表

序号	检验项目	发证	监督	出厂	备注
1	感官	√	√	√	
2	水分	√	√	√	
3	果糖和葡萄糖含量	√	√	*	以蜂蜜为主要原料的产品
4	蛋白质	√	√	*	以蜂王浆、蜂花粉为主要原料的产品
5	总黄酮含量	√	√	*	以蜂胶为原料的产品
6	10-羟基-2-癸烯酸	√	√	*	以蜂王浆为主要原料的产品
7	铅	√	√	*	
8	砷	√	√	*	
9	汞	√	√	*	以蜂胶为原料的产品
10	甜味剂(糖精钠、甜蜜素、安赛蜜)	√	√	*	按 GB2760 判定
11	防腐剂(山梨酸、苯甲酸)	√	√	*	按 GB2760 判定
12	色素(柠檬黄、日落黄、胭脂红、苋菜红、亮蓝等)	√	√	*	视产品具体颜色选择,按 GB2760 判定
13	菌落总数	√	√	√	
14	大肠菌群	√	√	√	
15	致病菌	√	√	*	
16	霉菌	√	√	*	
17	酵母	√	√	*	
18	标签	√	√		配料表中必须注明蜂产品的含量
19	净含量	√	√	√	
20	执行标准规定的其他项目	√	√	*	

八、抽样方式

根据企业所申报的发证产品品种，在企业成品库内按照每个申证单元随机抽取1种品种进行发证检验。所抽样品须为同一批次保质期内的产品。抽样基数：蜂花粉和蜂产品制品不得少于10 kg。抽样数量：蜂花粉和蜂产品制品随机抽取1 kg（不低于8个最小包装）；样品分成2份，1份检验，1份备查。

如果生产企业只生产大包装产品，核查组应在成品库中随机从4件中抽取不少于1 kg的样品。

样品确认无误后，由核查组抽样人员与被抽查单位在抽样单上签字、盖章、当场封存样品，并加贴封条，封条上应有抽样人员签名、抽样单位盖章及抽样日期。

九、其他要求

包装钢桶应符合GH/T1015要求，塑料包装桶应符合相应食品包装标准要求。不得使用镀锌桶或盛装过农药、燃料油、食用油或其他化工产品的包装容器。

蜜蜂产品生产管理规范

Bee products production management regulation

GB/T 21528-2008

前言

本标准的附录A为资料性附录。

本标准由中华全国供销合作总社提供并归口。

本标准起草单位:南京老山药业股份有限公司、南京英瀚企业管理服务有限公司。

本标准主要起草人:管春华、林文、陈明虎、何腾飞、黄明浩。

本标准为首次发布。

1 范围

本标准规定了保证蜜蜂产品的质量、安全并实现蜂产品的可追溯性的管理规范。

本标准适用于蜂农、蜂场、养蜂合作社、蜂业合作联社等各种类型、不同规模和提供不同蜜蜂产品生产的组织。

2 规范性引用文件

下列文件中的条款通过本标准的引用而成为本标准的条款。凡是注日期的引用文件,其随后所有的修改单(不包括勘误的内容)或修订版均不适用于本标准,然而,鼓励根据本标准达成协议的各方研究是否可使用这些文件的最新版本。凡是不注日期的引用文件,其最新版本适用于本标准。

GB/T 191　包装储运图示标志

GB 3095-1996　环境空气质量标准

GB 7718　预包装食品标签通则

GB/T 19168　蜜蜂病虫害综合防治规范

GH/T 1015　蜜蜂包装钢桶

NY/T 5139　无公害食品　蜜蜂饲养管理准则

3　术语和定义

下列术语和定义适用于本标准。

3.1　组织 organization

职责、权限和相互关系得到安排的一组人员及设施。

注：根据蜂产品生产组织运作模式，包括蜂农、蜂场、养蜂合作社、蜂业合作联社等。

3.2　蜜源 nectar source

能给蜂群提供花蜜或花粉或树胶（树脂）的植物及蜜露。

3.3　蜜蜂产品 bee products

直接来源于蜂群的产品。主要有蜂蜜、蜂王浆、蜂花粉、蜂胶、蜂蜡、蜂毒、蜂蛹、蜂幼虫等。

3.4　蜜蜂产品的生产 production of bee products

饲养蜜蜂，获取蜜蜂产品的活动。

4　要求

4.1　体系

组织应根据本标准的要求建立、实施和保持蜜蜂产品的生产管理体系，确立如何实现这些要求，并形成文件。

4.2　组织建立与职责权限

4.2.1　组织的最高管理者应确定从事管理、执行和验证活动人员的职责权限，建立沟通渠道，以确保蜜蜂产品生产管理体系的有效运行。

4.2.2　组织的最高管理者应指派专职管理人员，承担保证蜜蜂产品生产管理体系运行、检查的职责。

4.2.3　组织应提供实施、控制和检查蜜蜂产品生产管理体系所需要的资源。资源可包括人力、技术、信息和财力等。

4.2.4　养蜂合作社及蜂业合作联社，应配备养蜂技术员，负责解决蜜蜂产品生产过程中的技术问题以及蜂病治疗。

4.3 人员能力和培训

4.3.1 蜜蜂产品生产从业人员应具备资质能力如下：

a)培训师:经省级(含省级)以上的蜂业行业组织或有关部门认可的具有从事蜂产品生产相关教育培训资格,能及时掌握国内外的蜂业动态和相关的政策法规；

b)养蜂技术员:经省级(含省级)以上的蜂业行业组织或有关部门的认可,全面掌握养蜂的专业技术、蜂病治疗等基本原则和法规要求,具备养蜂生产实践的能力；

c)蜂农:具备养蜂生产、安全用药、蜂箱及器具消毒与蜂病防治等基本知识和养蜂生产基本技能；

d)场长:具有全面的养蜂生产技术和养蜂生产经验,具备蜂场组织管理能力；

e)社长:具有养蜂生产及蜂产品流通管理能力,熟悉生产情况,理解掌握相关的法律法规要求和本标准的有关规定。

4.3.2 培训的内容与要求如下：

a)从事养蜂生产活动的人员应接受养蜂生产技术和法规、制度的培训；

b)组织应根据人员能力和管理体系的要求确定培训需求并提供培训,培训内容包括:养蜂知识以及蜜蜂产品的安全与标准化生产技术、蜂病防治及用药知识、蜂箱消毒程序、养蜂日志的填写、蜂业市场信息、相关的政策法规和蜜蜂产品的质量要求等；

c)由培训组织者选择经认可的培训师进行培训；

d)培训的结果应予以记录。

4.4 设施和机具

4.4.1 组织应确保所需的设施与机具能够使其蜜蜂产品满足顾客需求和适用的法律法规要求。

4.4.2 机具应选用符合蜂产品安全卫生要求的材料制成。

4.5 工作环境

4.5.1 放蜂场地的选址应达到蜂产品安全生产企业需求和适用的法律法规要求。

4.5.2 养蜂场周围空气质量应符合 GB 3095-1996 中环境空气质量功能区二类区要求。

4.5.3 地势高燥、背风向阳、排水良好、小气候适宜的场所。

4.5.4 应有便于蜜蜂采集的良好水源。

4.5.5 养蜂场周围 3 km 内无大型蜂场，无以蜜、糖为生产原料的食品厂、化工厂、农药厂及经常喷洒农药的果园。

4.6 生产过程控制

4.6.1 组织应根据以下原则和条件选择放蜂场地：

a)拟转入场地的环境符合 4.5 的要求；

b)当年各地区蜜源、气候变化情况及历年资料，确定转地放蜂的时间、地点；

c)转场使用的运输工具；

d)组织应及时跟踪蜜源变化，必要时变更放蜂场地。

4.6.2 组织在生产蜜蜂产品前应确认：

a)用于蜜蜂产品生产的蜂群无病；

b)严格执行休药期；

c)蜜源植物未施药或已过安全间隔期；

d)所使用设备及器具无毒无害，且已消毒。

4.6.3 蜜蜂饲养活动管理应按 NY/T 5139 的规定执行。

4.6.4 蜜蜂病敌害防治以加强饲养管理、综合防治为主，并符合：

a)GB/T 19168 的规定；

b)国家相关法律、法规、规章及有关标准要求。

4.6.5 当蜂群发病时，应由技术人员出诊检查后开具处方，发放蜂药并指导蜂农正确使用。蜂药的购置应由组织出具购药证明，并指定专人至兽药店或蜂药生产企业统一购置；组织应指定专人保管蜂药，建立蜂药购买和发放台账，实行蜂药验收核销制度。

4.6.6　组织应按照规定的要求加强蜂群检查，一旦发现患病蜂群，应：

a)及时隔离病群，控制疾病传播；

b)进行症状诊断，确定传染途径以及发病程度和危害情况；

c)采取综合防治技术措施，并跟踪措施实施的有效性。

4.6.7　养蜂生产从业人员应每年至少进行一次健康检查。从事健康检查的医疗机构应具备相应的资格。传染病患者不能从事养蜂生产活动。

4.6.8　蜜蜂产品的采收应参照国家有关要求，确保其产品符合国家或行业标准及顾客相关要求。

4.7　记录和档案管理

4.7.1　组织应建立并保持记录。

4.7.1.1　蜂农应建立养蜂日志。养蜂日志格式参见表 A.1，记录内容包括：养蜂生产情况、蜜蜂产品流向、蜜蜂病敌害防治、用药记录。

4.7.1.2　养蜂合作社或养蜂合作联社应保持收购记录，收购记录格式参见表 A.2。记录内容包括：日期、时间、蜂农编码（或姓名）、品种、生产期间防治病敌害和用药情况、交货数（重）量等。

4.7.1.3　交货单：交货单格式参见表 A.3，内容包括：交货单位、总的数（重）量、收购日期、品种、采收时间、检验人及生产期间防病、治病和用药情况等。

4.7.2　蜂农档案应包括：蜂农编号、蜂农姓名、联系方式、养蜂历史、蜂种及蜂群数、常年放蜂场地、蜂机具材质、参加培训情况等。

4.7.3　组织应确保 3 年内记录的可追溯性，使组织能够以此实施体系评价，使潜在不安全蜂产品能够处置或召回。

4.7.4 记录和档案应真实、保持清晰、易于识别和检索。

4.8 标识和可追溯性

4.8.1 组织应建立可追溯性系统，确保能够从交付的蜜蜂产品追溯到蜂产品生产的源头。

4.8.2 产品包装上应贴有明显的标识。标识格式参见表A.4。

4.8.3 标识内容包括：蜂农编号（或姓名）、品种、采收日期、产地、净含量、总重等。

4.8.4 养蜂合作社或蜂业合作联社在交付蜂产品的同时应提交交货单，以提供可追溯性证据。

4.8.5 在蜜蜂产品生产、交付的全过程做好标识防护和管理，确保实现可追溯性。

4.9 蜜蜂产品包装、贮存、运输和交付

4.9.1 包装

4.9.1.1 蜂蜜包装钢桶应符合GH/T 1015的要求，其他包装容器应符合安全卫生、无毒的要求。

4.9.1.2 运输包装上的储运标志应符合GB/T 191及GB 7718的规定。

4.9.2 贮存

4.9.2.1 应注意密封贮存，其场所应保持干燥、通风、阴凉、无阳光直射。

4.9.2.2 蜜蜂产品不应与有异味、有毒、有腐蚀性、放射性、挥发性和可能产生污染的物品同库存放。

4.9.2.3 养蜂合作社和蜂业合作联社应对不同蜂场的产品分批、分区码放，填写货位卡、标识到位，同时建立收购台账。

4.9.2.4 收购点应配备冷冻设施保存蜂王浆，确保在−18℃下贮存。

4.9.3 运输

4.9.3.1 运输工具应清洁卫生。

4.9.3.2 不应与有异味、有毒、有腐蚀性、放射性、挥发性和可能产生污染的物品同装混运。

4.9.3.3 发运前对包装进行检查，转运过程中应避免高温、日晒和雨淋。

4.9.3.4 蜂王浆应在低温状态运输。

4.9.4 交付

交付产品的同时应按合同要求提供相关记录资料，提交交货单、检验报告单等。无规定标识的产品不得交付。

5 检查

5.1 蜂场自查

检查内容包括：

a)生产人员的能力、资格和健康状况；

b)生产记录、标识的真实性、完整性和准确性；

c)用药、停药和采收等生产活动是否按有关规定操作。

5.2 场长、技术人员抽查

抽检内容包括：

a)生产人员的能力、资格和健康状况；

b)生产记录、标识的真实性、完整性和准确性；

c)用药、停药和采收等生产活动是否按有关规定操作；

d)放蜂场地、蜜源、蜂群饲养管理、蜜蜂病敌害防治等是否符合要求。

5.3 养蜂合作社、蜂业合作联社管理人员巡查

巡查内容包括：

a)生产人员的能力、资格和健康状况；

b)生产记录、标识的真实性、完整性和准确性；

c)用药、停药和采收等生产活动是否按有关规定操作；

d)放蜂场地、蜜源、蜂群饲养管理、蜜蜂病敌害防治等是否符合规定要求；

e)对不合格品的处置是否符合规定；

f)场长、技术员是否按规定实施了抽查并记录。

5.4　蜂蜂产品验收

5.4.1　在交付前，组织应核对蜜蜂产品标签和数量、检查外观质量。养蜂合作社、蜂业合作联社应对收购的蜜蜂产品每单位包装逐件检查，及时封样实施检验，合格后分组划批、编号。

5.4.2　特殊情况按供需双方合同规定，否则在完成蜜蜂产品验收之前，不能放行产品。

6　不合格品处置

6.1　发现不合格品时，组织应立即对其进行隔离、标识、记录并处理。

6.2　对已交付的不合格品，组织应及时、安全地召回、隔离，并进行产品危害性评估，根据评估结果作出相应处理。召回、隔离、销毁、改变预期用途等任何措施都应在监督下实施，并保持记录。

6.3　发现使用禁用兽药情况，应通报当地政府主管部门和行业组织。

附录A

（资料性附录）

记录和表格

A.1 养蜂日志

养蜂日志格式见表A.1。

表A.1 **养蜂日志格式**

年 月 日　　　　　　　　蜂农编号(或姓名)

天气		放蜂地点		花种				
蜂群		王种		蜜源				
养蜂生产情况(清洁消毒、病敌害等)								
用(休)药情况	药名		当日用量		累计用量			
	药名		当日用量		累计用量			
	药名		当日用量		累计用量			
蜂病诊断								
治疗效果								
交付	产品名称		数(重)量		地点		接受人	
			数(重)量		地点		接受人	

A.2 收购记录

收购记录格式见表A.2。

表A.2 **收购记录格式**

年 月 日　　　　　　　　接受人

时间		蜂农编号(或姓名)		品种		数(重)量		用药情况	
时间		蜂农编号(或姓名)		品种		数(重)量		用药情况	
时间		蜂农编号(或姓名)		品种		数(重)量		用药情况	

A.3　交货单

交货单格式见表 A.3。

表 A.3　　　　　　交货单格式

交货单位		品种		数(重)量	
收购日期		采收时间		最终编号	
生产期间防病、治病和用药情况：					
检验人		检验结果			

此单一式三联，分别提交交货人、接受者、检验人。

A.4　产品标识

产品标识格式见表 A.4。

表 A.4　　　　　　产品标识格式

蜂农编号(或姓名)		品种	
采收日期		产地	
净含量		总重	
用药情况			

蜂蜜生产技术规范

Rules of production of honey

NY/T 639-2002

本标准由农业部畜牧兽医局提出并归口。

本标准起草单位:中国农业科学院蜜蜂研究所、山东潍坊市产品质量监督检验所、吉林养蜂研究所、深圳康友保健品公司。

本标准主要起草人:王凤忠、吴粹文、赵静、李桂芬、李熠、刘建平、范伟、赖哲乐、薛运波。

1 范围

本标准规定了蜜蜂采蜜群的组织管理、蜂蜜生产技术要求,以及蜂蜜标志、贮存等。

本标准适用于蜜蜂所采集酿造的天然蜂蜜。

2 规范性引用文件

下列文件中的条款通过本标准的引用而成为本标准的条款。凡是注日期的引用文件,其随后所有的修改单(不包括勘误的内容)或修订版均不适用于本标准。然而,鼓励根据本标准达成协议的各方研究是否可使用这些文件的最新版本。凡是不注日期的引用文件,其最新版本适用于本标准。

GB/T 191 包装储运图示标志

3 术语和定义

下列术语和定义适用于本标准。

3.1 **蜂蜜** honey

蜜蜂采集植物的花蜜或分泌物,经自身充分酿造而贮存在巢脾中带有芳香味的甜物质。

3.2 **主副群饲养** management of principal and subordinate bee colonies

群势强弱不同的蜂群并列放置，主群即生产群，副群即辅助繁殖群。

3.3　**双王群** two-queen colony

将两只蜂王分隔在同一蜂巢两个产卵区内的蜂群。

3.4　**采蜜群** coloni for honey-getting

生产商品蜜的蜂群，又叫生产群。

3.5　**适龄采集蜂** forager of proper age

器官及功能适合出巢采集的工蜂。

3.6　**流蜜期** period of secreting-honey

外界有一种或多种主要蜜源植物开花，蜂群能生产大量蜂蜜的时期。

3.7　**群势** power of colony，population of a colony

蜂群中工蜂及子脾的数量状况。

4　蜂蜜生产技术要求

4.1　生产蜂蜜的工具和设备

4.1.1　割蜜刀：采用不锈钢制品。

4.1.2　分蜜机：采用不锈钢或无毒塑料制造。

4.1.3　巢础：使用纯净蜂蜡巢础或塑料巢础。

4.2　蜂蜜生产蜂群的组织与管理

4.2.1　培育适龄采集蜂　在当地主要蜜源流蜜期前40天开始培育，蜜源不充足时奖励饲喂，培育适龄采集蜂。

4.2.2　准备巢脾　在主要流蜜期前准备大量的贮蜜用的巢脾。

4.2.3　组织采蜜群　在流蜜期15天前，从辅助群提出封盖子脾，调入生产群。

4.2.4　调整蜂群　在流蜜期开始前调整蜂群，将未封盖子脾放入巢箱，适当加入空巢脾、卵虫脾、粉脾和巢础框。其余封盖子脾放入继箱，补加空脾。

4.3　采蜜群的管理

4.3.1　流蜜初期，在每天拂晓前用该蜜源的蜜水饲喂，每群100～200 g，以引导蜜蜂提前上花采蜜。

4.3.2　当主要蜜源流蜜期在12天左右，且以后没有主要蜜源时，要在流蜜期前10天开始限制蜂王产卵，直至蜜源结束为止，以便工蜂集中力量采蜜和酿蜜，夺取蜂蜜高产；当主要流蜜期在30天以上仍有主要蜜源流蜜时，适当限制蜂王产卵，采取采蜜繁殖并举的饲养方式。

4.4　蜂蜜采收要求

采收的蜜脾应有1/3以上的蜜房封盖。

4.5　保证蜂蜜优质高产的主要技术措施

4.5.1　选用符合生产需要的优良高产蜂种和健康蜂群。

4.5.2　饲养强群，生产成熟蜂蜜。

4.5.3　选择无污染的蜜源地区放蜂。

4.5.4　使用国家允许的无污染的高效低毒蜂药防治蜜蜂病虫害，严格遵循休药期的管理。

4.5.5　使用符合食品卫生要求的装蜜容器。

4.5.6　采收蜂蜜时要保持环境卫生。

5　贮存、标志

5.1　贮存

贮存场地应清洁卫生，远离污染源，不得与有毒、有害、有异味物质同库、同处贮存。防潮湿，防暴晒，防风沙，防止温度急剧升降。

5.2　标志

5.2.1　产品标志　产品标志应采用铭牌、标签、涂刷等不易损坏的方式固定在包装容器上。产品标志的内容应包括产品名称、蜜源种类、等级、生产日期或批号、编号、生产者或经销者的名称。

5.2.2　包装储运标志　包装储运标志应符合GB/T 191的规定。

蜂王浆生产技术规范

Technical specification for royal jelly producing

NY/T 638-2016

本标准按照 GB/T 1.1-2009 给出的规则起草。

本标准代替 NY/T 638-2002《蜂王浆生产技术规范》。与 NY/T 638-2002 相比，主要技术变化如下：

增加了规范性引用文件（见 2）；

修改了术语和定义（见 3）；

增加了生产环境和生产场地要求（见 4）；

修改了蜂王浆生产的蜂群要求（见 5.1.1）；

增加了蜂群安全管理（见 6.3）；

增加了蜂场、蜂机具和蜂王浆生产工具的卫生消毒（见 7）；

增加了记录和标识（见 9）。

本标准由农业部畜牧业司提出。

本标准由全国畜牧业标准化技术委员会（SAC/TC274）归口。

本标准起草单位：中国农业科学院蜜蜂研究所、中国养蜂学会。

本标准主要起草人：何薇莉、韩胜明、陈黎红、谢文闻、杨 磊、刘建平。

本标准的历次版本发布情况为：

NY/T 638-2002。

1 范围

本标准规定了蜂王浆生产环境和生产场地要求，生产的条件，生产蜂群的管理，蜂场、蜂机具和蜂王浆生产工具的卫生消毒，生产的工序，记录和标识，包装、储存和运输等内容。

本标准适用于蜂王浆的生产。

2 规范性引用文件

下列文件对于本文件的应用是必不可少的。凡是注日期的引用文件，仅注日期的版本适用于本文件。凡是不注日期的引用文件，其最新版本（包括所有的修改单）适用于本文件。

GB/T 19168 蜜蜂病虫害综合防治规范

3 术语和定义

下列术语和定义适用于本文件。

3.1 蜂王浆 royal jelly

工蜂咽下腺和上颚腺分泌的，主要用于饲喂蜂王和蜜蜂幼虫的乳白色、淡黄色或浅橙色浆状物质。

3.2 台基 queen cups

蜂王尚未在其中产卵的空王台。形如杯状，经蜂王产卵后成为王台。

3.3 台基条 bar of queen cups

生产蜂王浆和人工培育蜂王的一种养蜂用具，主要由载台条和若干个台基两部分组合而成。

4 生产环境和生产场地要求

4.1 生态环境要求

4.1.1 蜂场周围 3 km 内要有丰富的、正常开花的蜜粉源植物，以保证蜂群有良好的营养条件。

4.1.2 有良好的水源，供蜜蜂采集。

4.1.3 放蜂场地应选择地势高燥、冬天向阳背风、夏天通风阴凉、排水良好、小气候适宜的环境，远离铁路、公路和大型公共场所。

4.1.4 蜂场周边无污染源，空气清新。蜂场间距 1 km 以上，蜂场周围 3 km 内不应有以蜜、糖为生产原料的食品厂，远离化工区、矿区、农药厂库、垃圾处理场及经常喷施农药的果园和菜地。

4.2 生产场地环境要求

4.2.1 保持蜂场清洁卫生，按照 GB/T 19168 的规定执行。

4.2.2 在蜜蜂传染病发病期间，及时隔离患病蜂群，清理蜂尸、杂物，将清扫物深埋或焚烧，并在蜂场地面撒生石灰消毒。疑似病群也应进行隔离观察，远离健康蜂群，确认无病后方可回场参加蜂王浆生产。隔离的患病蜂群不应参加蜂王浆生产。

4.2.3　带病菌的蜂产品、蜂具等不应带回健康蜂场。

4.2.4　蜂场的生产区和生活区要分开，并保持清洁。

4.3　蜂王浆生产的场地环境要求

4.3.1　定地蜂王浆生产的场地环境要求　要有单独的蜂王浆生产工作间。工作间中要有工作台和紫外灯等消毒设备。每次蜂王浆生产前，应对工作间进行消毒。

4.3.2　转地蜂王浆生产的场地环境要求　帐篷中应将生产区和生活区隔离，生产区中要有工作台和紫外灯等消毒设备。每次蜂王浆生产前，应对工作区进行消毒。

4.4　生产人员要求

4.4.1　从事生产的养蜂人员要求身体健康，无传染病，每年应进行一次体检，具有良好的个人卫生意识。

4.4.2　蜂王浆生产人员要求穿戴洁净的工作服、工作帽和口罩。

5　蜂王浆生产的条件

5.1　生产蜂群

5.1.1　蜂群健康，群势达 8 框以上，蜜粉饲料充足，有大量的青壮年工蜂。

5.1.2　蜂王浆生产蜂群不应使用未经国家批准的药物，不应使用被蜜蜂病原体和抗生素污染、含有药物处理的饲料喂蜂。

5.2　温度

外界气温达 15℃以上。

5.3　设备和工具

5.3.1　采浆框　外围尺寸与巢框一致，长 448 mm，高 232 mm。上梁长 480 mm，宽 13 mm，厚 20 mm；边条宽 13 mm，厚 10 mm。台基板条宽 13 mm，厚 8 mm。根据群势确定台基条数量，一般每框宜安装 3～6 条台基条。

5.3.2　台基条　用符合食品卫生和食品安全的塑料制造，每条宜放 33 个杯型台基。

5.3.3　台基　用符合食品卫生和食品安全的塑料制造，台基高 12 mm，台口内径为 9～11 mm。

5.3.4　移虫针　采用牛角或符合食品卫生和食品安全的塑料舌片制成。

5.3.5　取浆器具　用符合食品卫生和食品安全的塑料制成，也可以采用取浆机取浆。

5.3.6　其他用具及设备　镊子、刀片、盛浆瓶、冰箱或冰柜、纱布、毛巾、消毒酒精、浆框盛放箱、巢脾承托盘等。

6　生产蜂群的组织与管理

6.1　生产蜂群的组织

6.1.1　原群组织法　在组织产浆群前，用隔王板将蜂群隔成繁殖区和生产区。生产区内放1～2张蜜粉脾、2张幼虫脾，其余为封盖子脾，采浆框插在2张幼虫脾之间。繁殖区放空脾、即将或开始出房的蛹脾、蜜粉脾，使生产群蜂多于脾。

6.1.2　多群拼组法　如外界气候、蜜源条件良好，而蜂群群势尚不足，可采用多群拼组法，提前生产蜂王浆。即于蜂王浆生产前1周，将数群非生产群中的正在出房的老熟子脾及刚出房的幼蜂提入预定的生产群。1周后，生产蜂群群势达8框以上。在巢、继箱之间加隔王板，使继箱为无王生产区。巢脾摆放同原群组织法。

6.2　生产蜂群的管理

6.2.1　刚开始蜂王浆生产，台基数量要适当，做到量蜂定台。蜂数密集，蜂多于脾。炎热季节，注意给蜂群遮阳或将蜂群放在树荫下，扩大巢门，打开箱底纱窗。高温干旱时，要在每天10:00和14:00，用湿的覆布或毛巾盖在铁纱副盖上，或在巢内加饲喂器喂水，便于蜜蜂吸水降温和保持巢内湿度。

6.2.2　检查调整群势　每隔5～7天检查调整一次蜂群，保证繁殖区有充足的蜂王产卵空间。检查调整时将繁殖区的新封盖子脾和大幼虫脾调到生产区，将生产区正在出房子脾和空脾调到繁殖区。检查时，注意清除自然王台，以免影响王台接受率和蜂群发生自然分蜂，流蜜期可不进行上下调整。

6.3　蜂群安全管理

蜜蜂用药应参照GB/T 19168的规定执行，且应符合现行国家及农业部相关法律、法规的要求。

7　蜂场　蜂机具和蜂王浆生产工具的卫生消毒

7.1　蜂场　蜂机具的卫生消毒

按照 GB/T 19168 的规定执行。

7.2　蜂王浆生产工具的卫生消毒

用 75％的食用酒精进行消毒。

8　蜂王浆生产的工序

8.1　安装台基

将台基条固定在采浆框上。

8.2　清扫台基

蜂王浆生产前，将新组装好的采浆框插入生产群内，让工蜂清理 12 h 左右。

8.3　点浆

新台基经过工蜂清理后，应在王台中点少许新鲜蜂王浆。

8.4　移虫

用移虫针把 1 日龄内的幼虫从巢脾的蜂房中移出，放在台基底部的中央，每个台基 1 条。

8.5　补虫

在第一次移虫时，将移虫后采浆框插入蜂群后，过 3～5 h 提出，对未接受的台基补移幼虫。

8.6　提框

移虫后 48 h 或 72 h 取浆，将采浆框从蜂群中提出。采浆框台口朝上方抖落框上蜜蜂，然后用蜂刷把框上的余下蜜蜂扫落到原巢箱门口，及时送到取浆室。

8.7　割台

用锋利削刀将台基加高的部分割去；也可采用机械割台。割台时，要使台口平整，不要将幼虫割破。

8.8　取虫

用镊子将幼虫取出，虫体受损的要把台内的蜂王浆取出另装。

8.9 **取浆**

人工或机械取浆均可。取净王台内的蜂王浆。

8.10 **清台**

及时清理台基内的赘蜡。

8.11 **保存**

蜂王浆采收完成后立即密封,在外包装上做好标识,尽快放到冰箱或冰柜中冷冻保存。

9 记录和标识

9.1 **记录**

生产人员应记好生产日志,养蜂日志见表 A.1,内容包括蜂场地点、气候条件、蜂群情况、蜜源种类、饲喂情况、发病时间和症状、用药情况、蜂具清洁、消毒以及生产、交付等情况。

9.2 **标识**

采集的蜂王浆应做好标识,标识见表 A.2,内容包括产品名称、毛重、净重、主要蜜源名称、蜂种名称、采集地点、采集时间、采集人姓名和电话等信息,相关记录至少应保存 2 年。

10 包装、储存和运输

10.1 **包装**

容器应采用符合食品卫生和食品安全要求的瓶或桶。使用前,要清洗干净,并用 75%的食用酒精消毒,晾干再用。

10.2 **储存**

10.2.1 蜂王浆采收后,应及时储存在−18℃的条件下。产品应按生产日期、主要蜜源名称、产地分别码放。

10.2.2 产品不得与有异味、有毒、有腐蚀性和可能产生污染的物品同库存放。

10.3 **运输**

10.3.1 运输工具应清洁干净,产品应低温运输,不得与有异味、有毒、有腐蚀性、放射性和可能发生污染的物品同装混运。

10.3.2 发运前对包装箱进行检查,转运过程中要避免高温、日晒和雨淋。

附录 A

（规范性附录）

记录和表格

A.1　生产日志

生产日志格式见表 A.1。

表 A.1　　　　　　　　　　　**生产日志**

年　　月　　日　　　　　　　　　　　　　生产人员姓名或编号：

蜂场地点				气候条件		蜂群情况	蜜源种类	饲喂情况
省	县	乡	村	温度	湿度			
生产及消毒情况：								

发病时间		症状					
用药名称	用量	用法	疗程	用药时间	用药地点	治疗效果	
交付时间		交付地点		交付数量		接收人	

A.2　标识表格

标识表格格式见表 A.2。

表 A.2　　　　　　　　　　　**标识表格**

年　　月　　日　　　　　　　　　　　　　　　　记录人：

产品名称	毛重	净重	主要资源名称	蜂种名称	采集时间	采集地点	采集人	电话

蜂花粉生产技术规范

Rules for production of bee pollen

NY/T 637-2002

前言

本标准由中华人民共和国农业部提出并归口。

本标准起草单位:中国农业科学院蜜蜂研究所。

本标准主要起草人:袁耀东、吕丽萍、赵静、何好。

1 范围

本标准规定了蜂花粉采收蜂群、采收器具、采收技术、干燥方法、包装、贮存和运输要求。

本标准适用于活框蜂箱饲养的蜂群生产蜂花粉。

2 规范性引用文件

下列文件中的条款通过本标准的引用而成为本标准的条款。凡是注日期的引用文件,其随后所有的修改单(不包括勘误的内容)或修订版均不适用于本标准,然而,鼓励根据本标准达成协议的各方研究是否可使用这些文件的最新版本。凡是不注日期的引用文件,其最新版本适用于本标准。

GB/T 191 包装储运图示标志

3 术语和定义

下列术语和定义适用于本标准。

3.1 蜂花粉 bee pollen

蜜蜂采集被子植物雄蕊花药或裸子植物小孢子囊内的花粉细胞,形成的团粒状物。

3.2 碎蜂花粉 bee pollen debris

团粒状蜂花粉的破碎物。

3.3 **蜂花粉采收蜂群 colonies for pollen-getting**

用于采收蜂花粉的蜂群称为蜂花粉采收蜂群,简称“采粉群”。

3.4 **脱粉器具 pollen trap**

截留归巢蜜蜂后足携带蜂花粉的器具。

3.5 **蜜粉脾 honey and pollen comb**

大多数巢房内是蜂蜜、蜂花粉或蜂粮的巢脾。

3.6 **主要粉源植物**

数量多、分布广、花粉丰富,可供蜂群生产蜂花粉的植物。

4 蜂花粉采收蜂群管理

4.1 **蜂花粉采收前的准备**

采收蜂花粉前约45天,开始培育适龄采集蜂并淘汰老劣蜂王,适当调整群势,使其成为具有较强群势的采粉群。

4.2 **采粉群的管理**

抽出部分蜜粉脾,以刺激蜜蜂采集花粉的积极性。

外界缺乏蜜源时,要酌情进行奖励饲喂。蜂群失王时,应及时诱入产卵蜂王;要适时调整蜂巢,为蜂王产卵创造条件。

4.3 **采粉群的陈列**

采粉蜂场位置需阳光充足,干燥避风,箱门背朝常年主导风向,远离污染源(农药、粉尘、传染病疫区、废渣、废气等)。采收蜂花粉前,应将蜂箱前壁和巢门板清理干净,并保持蜂箱及周围环境的清洁。

摆放成排的蜂群,应当全部同时脱粉,如不同时脱粉,应用隔离物将脱粉群与不脱粉群隔开,以避免脱粉群的采集蜂偏集到未安装脱粉器的蜂群。

5 脱粉器具的安装

5.1 应选择结构简单,脱粉孔径合适,不伤蜂体,能很好保持蜂花粉团粒完整、清洁、不易混入杂质的脱粉器具。

5.2 安放脱粉器具时,要保持脱粉器具与蜂箱箱体间的紧密结合，保证工蜂只能通过脱粉器具出入蜂箱。

5.3　使用无集粉装置的巢门脱粉器具时，应事先将蜂箱后部垫高 10 cm，清理干净巢门板及箱前地面，并铺设两张重叠的干净白纸或牛皮纸，下面一张比上面一张大一些，收集蜂花粉时，只拿起上面的一张，以免带入纸底所沾尘土。严禁使用油毛毡或有毒塑料等制作脱粉器具或其衬垫。

6　蜂花粉的采收细则

6.1　主要粉源植物开花吐粉，蜜蜂能采到大量花粉时，可按本规范要求组织蜂群采收蜂花粉。

6.2　脱粉应在每天蜂群采粉高峰期进行，脱粉时间长短应以不影响蜂群的正常需要为原则。

6.3　每天脱粉结束时，要及时收取脱下的蜂花粉，在脱粉器内置放的时间不得超过 8 h。闷热天气，用带集粉盒的巢门脱粉器采收蜂花粉时，应每 2 h 收取一次盒内的蜂花粉。

6.4　收取蜂花粉时，动作要轻，以免蜂花粉团破碎。每天脱下的蜂花粉收取完后，要将脱粉器具清洗干净，以便下次使用。

7　蜂花粉的干燥

用脱粉器具采收的新鲜蜂花粉除立即置－5℃以下冻存外，均需用适当方法干燥至含水量 8%以下，以防发酵和霉变。

7.1　**阳光晒干**

将采收到的新鲜蜂花粉均匀地摊在干净的纸或布上，厚度 1～2 cm，罩上防蝇防尘纱网，置阳光下照晒，日晒过程中应勤翻动，翻动时动作轻缓，避免团粒破碎。

蜂花粉晾晒地点应远离公路、铁路和有扬尘的地方。

7.2　**自然风干**

将采收到的新鲜蜂花粉摊在干净的细纱网上，厚度不超过 2 cm，放在干燥通风处自然风干。该法系阴雨天的应急措施，难以使蜂花粉含水量降至 8%以下，还需采用其他方法继续干燥。

7.3　日晒通风干燥

将采收的新鲜蜂花粉摊放在用架撑起(离地面 80～100 cm)的细纱网上,在阳光充足的地方晾晒通风干燥。

7.4　热风干燥

将新鲜蜂花粉均匀地摊在干净细纱网上,厚度约 2 cm,在特制的干燥箱中或干燥室内用热风机吹干,干燥温度保持不超过 48℃。

7.5　变色硅胶干燥

将蜂花粉和变色硅胶按 15∶1(质量比)的比例交替堆叠在密封干燥箱中干燥,使蜂花粉的含水量降至 8%以下。变色硅胶需用 4～5 层纱布包好。吸水后变为红色的变色硅胶于 150℃烘烤,恢复蓝色后可再次使用。

7.6　远红外线干燥

将采收到的新鲜蜂花粉放入远红外花粉干燥箱中加热干燥。箱内温度不超过 48℃。

7.7　冷冻干燥

将采收的新鲜蜂花粉放在冻干机中冷冻干燥。

8　包装、运输、贮存

8.1　包装

8.1.1　包装材料应干燥、清洁、无异味,不影响蜂花粉品质,符合食品卫生标准。

8.1.2　包装要牢固、防潮、整洁,便于装卸、仓储和运输。

8.1.3　包装储运图示标志应符合 GB/T 191 规定。

8.2　运输

所使用的运输工具应保持清洁、干燥、无异味;运输时应防潮、防雨、防暴晒、防风沙;装卸时轻放轻卸,严禁与有毒、有害、有异味、易污染的物品混装混运。

8.3　贮存

8.3.1　产品应贮于清洁、干燥、阴凉、无异味的专用仓库(温度在−5℃以下）中，冷库周围应无异味。或者用真空充氮贮存。

8.3.2 短期临时存放，应经过干燥和密封处理后存于阴凉干燥处。

8.3.3 不同产地、花种、等级或不同季节采集的产品应分别贮存。

8.3.4 贮存场所应清洁卫生，不得与有毒、有害、有异味的物品同处贮存。

巢蜜生产技术规范

Technical criterions of comb honey producing

DB37/T 2990-2017

前言

本标准按照 GB/T 1.1-2009 给出的规划起草。

本标准由山东省畜牧兽医局提出。

本标准由山东省畜牧业专业标准化技术委员会归口。

本标准起草单位：山东省蜂业良种繁育推广中心、山东康宝蜂业有限公司。

本标准主要起草人：刘新迎、姜风涛、李胜良、娄德龙、秦浩然、刘召孝。

1 范围

本标准规定了巢蜜的术语和定义、生产条件、生产方法、蜜蜂病虫害防治、技术措施、质量要求及包装、标志、运输和贮存。

本标准适用于山东省内巢蜜的生产。

2 规范性引用文件

下列文件对于本文件的应用是必不可少的。凡是注日期的引用文件，仅所注日期的版本适用于本文件。凡是不注日期的引用文件，其最新版本（包括所有的修改单）适用于本文件。

GB 14963　食品安全国家标准　蜂蜜

GB/T 19168　蜜蜂病虫害综合防治规范

GH/T 18796　蜂蜜

NY/T 639　蜂蜜生产技术规范

NY/T 5139　无公害食品　蜜蜂饲养管理准则

GB 4806.7　食品安全国家标准　食品接触用塑料材料及制品

3　术语和定义

下列术语和定义适用于本文件。

3.1　**巢蜜** comb honey

巢蜜是贮存在封盖巢脾内的蜂蜜。是蜜蜂采集的花蜜在蜂巢中酿制成熟后，用蜂蜡将含有蜂蜜的巢房封盖而形成的，巢脾封盖率应达 98%以上且在蜂群中持续存放 15 天以上。分为整张巢蜜、格子巢蜜和切割巢蜜等。

3.2　**巢础** comb foundation

用蜂蜡或食品级塑料等材料制造的巢房房基，用于生产巢蜜。

3.3　**采蜜群** colonies for honey collecting

生产商品蜂蜜的蜂群，又称生产群。

3.4　**群势** colony population

蜂群中工蜂和子脾的数量状况。至少 10 足框。

3.5　**主要蜜源植物** principal honey plants

数量多、面积大、花期长、蜜粉丰富，可生产商品蜜的蜜源植物。

3.6　**辅助蜜粉源植物** subordinate nectar and pollen plant

能分泌花蜜，产生花粉，对维持蜜蜂生活和繁殖起辅助作用的植物。

3.7　**巢箱** comb hive

有箱底的蜂箱箱体，供蜜蜂筑造巢脾，贮存饲料。

3.8　**继箱** super hive

没有箱底，放在巢箱上面，供蜜蜂生产巢蜜。

3.9 巢框 frame

固定巢础或巢蜜格子的框架。

4 生产条件

4.1 蜜源植物

养蜂场周围 3 km 范围内至少具有一种以上的主要蜜源植物和多种花期相互交错的辅助蜜粉源植物，且开花泌蜜稳定，没有受到农药、有毒有害物质的污染。

4.2 蜂种

选用意大利蜂、喀尼阿兰蜂、中华蜜蜂等品种。

4.3 蜂群

健康无病、采集力强、群势强壮的至少 10 足框蜂群。

4.4 蜂群饲料

生产蜂群内蜂蜜、蜂花粉等饲料充足。

4.5 蜂场

蜜蜂春繁后定地饲养。

4.6 蜂场环境

蜂场的环境按 NY/T 5139 要求执行。

5 生产方法

5.1 安全用药间隔期

生产巢蜜前防治蜜蜂疾病所用药物的休药期不得低于 35 天，弱群及患病蜂群不得作为生产群。

5.2 制作巢框

将蜂蜡制作的新巢础用两根不锈钢细丝嵌入巢础中两端固定，每个专用巢框放置一张巢础。制作格子的专用巢框，巢框宽度按格子厚度，按标准巢框所容数量组框，并用巢框紧固钉牢，用不锈钢细丝在巢框中间间隔二道紧固，在塑料巢础上涂一层蜂蜡。

5.3 放置巢框

在每个继箱内放置 6～7 个巢框，西方蜜蜂巢框的间距 0.8 cm，中华蜜蜂巢框的间距 0.7 cm，靠一侧整齐摆放。

5.4 生产巢蜜

准备生产强群，周边蜜源符合条件，生产周期 15～25 天，封盖率达到 98%以上，且在蜂群中持续存放 15 天以上。

5.5 采收巢蜜

采收巢蜜时将蜂场及其周围环境打扫干净，保证清洁、没有积水，注意个人卫生。脱去附在巢蜜脾上的蜜蜂，用清洗消毒好刀具将巢框边缘的蜂蜡刮去，巢蜜框使用的食品级塑料袋消毒后，包装密封。格子巢蜜扣好外底、盖包装存放。

5.6 生产管理

5.6.1 巢础固定

巢础一次性固定牢固、整齐，不可频繁检查。

5.6.2 双继箱生产

在巢蜜生产中，使用双继箱，缩短封盖的时间。

5.6.3 双王繁殖

利用双王繁殖，单王生产巢蜜，减少子脾，预防分蜂热。

5.6.4 加强通风

加强通风，有利于封盖。

6 蜜蜂病虫害防治

按照 GB/T 19168 及农业部相关公告要求执行。

7 技术措施

按照 NY/T 639 要求执行。

8 质量要求

按照 GB 14963、GH/T 18796 相关标准要求执行。

9 包装、标志、运输、贮存

9.1 包装

9.1.1 包装材料应符合 GB 4806.7 的要求。

9.1.2 包装应牢固、密封、防潮、整洁，便于装卸、仓储和运输。

9.1.3　产品按照产地、规格的不同分别包装。

9.1.4　包装产地清洁卫生，远离污染源。

9.2　标志

标志内容：蜂场或蜂农名称、产品名称、规格、产地、采集日期、净重等内容。

9.3　运输

9.3.1　运输前检查标志是否完整清楚。

9.3.2　运输工具干净无污染，不得与有异味、有毒有害和可能发生污染的货物同装混运。

9.3.3　运输过程中要避免高温、暴晒和雨淋。

9.4　贮藏

9.4.1　在阴凉干燥、清洁卫生的场所贮存，注意防虫、防鼠，避免日晒雨淋及有毒有害物质的污染。

9.4.2　不得与有毒、有害、有异味、有腐蚀性和可能产生污染的物品同处贮存；长期贮存要在冷库中保鲜贮存，温度控制在$-3\sim5$℃。

食品安全国家标准　蜂蜜

GB 14963-2011

前言

本标准代替 GB 14963-2003《蜂蜜卫生标准》以及 GB 18796-2005《蜂蜜》中的对应指标。

本标准与 GB 14693-2003 相比主要变化如下：

修改了范围；

增加了蜂蜜的定义；

将原料要求改为蜜源要求，并明确主要的有毒蜜源植物品种名称；

修改了感官要求；

修改了理化指标；

增加了污染物限量、兽药残留限量、农药残留限量要求；

增加了嗜渗酵母计数要求。

1　范围

本标准适用于蜂蜜，不适用于蜂蜜制品。

2　术语和定义

蜂蜜

蜜蜂采集植物的花蜜、分泌物或蜜露，与自身分泌物混合后，经充分酿造而成的天然甜物质。

3　技术要求

3.1　蜜源要求

蜜蜂采集植物的花蜜、分泌物或蜜露应安全无毒，不得来源于雷公藤（*Tripterygium wilfordii* Hook. F.）、博落回[*Macleaya cordata*（Willd.）R. Br]、狼毒（*Stellera chamaejasme* L.）等有毒蜜源植物。

3.2　感官要求

感官要求应符合表1的规定。

表1　　感官要求

项目	要　求	检验方法
色泽	依蜜源品种不同，从水白色（近无色）至深色（暗褐色）	按 SN/T 0852 的相应方法检验
滋味、气味	具有特有的滋味、气味，无异味	
状态	常温下呈黏稠流体状，或部分及全部结晶	自然光下观察状态，检查其有无杂质
杂质	不得含有蜜蜂肢体、幼虫、蜡屑及正常视力可见杂质（含蜡屑巢蜜除外）	

3.3 理化指标

理化指标应符合表 2 的规定。

表 2　　理化指标

项　　目		要求	检验方法
果糖和葡萄糖/(g/100 g)	≥	60	GB/T 18932.22
蔗糖/(g/100 g)			
桉树蜂蜜、柑橘蜂蜜、紫苜蓿蜂蜜、荔枝蜂蜜、野桂花蜜	≤	10	
其他蜂蜜	≤	5	
锌(Zn)/(mg/kg)	≤	25	GB/T 5009.14

3.4 污染物限量

污染物限量应符合 GB 2762 的规定。

参见 GB 2762-2012 中华人民共和国国家标准《食品安全国家标准—食品中污染物限量》

该标准规定了食品中铅、镉、汞、砷、锡、镍、铬、亚硝酸盐、硝酸盐、苯并[a]芘、N-二甲基亚硝胺、多氯联苯、3-氯-1,2-丙二醇的限量指标。明确了食品中污染物的定义:食品在从生产(包括农作物种植、动物饲养和兽医用药)、加工、包装、贮存、运输、销售,直至食用等过程中产生的或由环境污染带入的、非有意加入的化学性危害物质(除农药残留、兽药残留、生物毒素和放射性物质以外的污染物)。

蜂产品中污染物限量只对蜂蜜、花粉中的铅含量做出了限量要求,限量要求为污染物在食品原料和(或)食品成品可食用部分中允许的最大含量水平。检验方法参照《食品安全国家标准—食品中铅的测定》(GB 5009.12)规定的方法。

蜂产品中铅限量指标

食品类别(名称)	限量(以 Pb 计)mg/kg
蜂产品	
蜂蜜	1.0
花粉	0.5

3.5 兽药残留限量和农药残留限量

3.5.1 兽药残留限量

兽药残留限量应符合相关标准的规定。

3.5.2 农药残留限量

农药残留限量应符合 GB 2763 及相关规定。

注:GB 2763-2012 中华人民共和国国家标准《食品安全国家标准 食品中农药最大残留限量》中未对蜂产品农药残留做出限量要求。

3.6 微生物限量

微生物限量应符合表 3 规定。

表 3　　微生物限量

项　目		指标	检验方法[a]
菌落总数/(CFU/g)	≤	1 000	GB 4789.2-2010
大肠菌群/(MPN/g)	≤	0.3	GB 4789.3-2010
霉菌计数/(CFU/g)	≤	200	GB 4789.15-2010
嗜渗酵母计数/(CFU/g)	≤	200	GB 14963-2011
沙门菌		0/25 g	GB 4789.4-2010
志贺菌		0/25 g	附录 A
金黄色葡萄球菌		0/25 g	GB 4789.10-2010

a 样品的分析及处理按 GB 4789.1 执行。

附录 A

嗜渗酵母计数

A.1 设备和材料

除微生物实验室常规灭菌及培养设备外,其他设备和材料如下:

A.1.1 恒温培养箱:25℃±1℃。

A.1.2 冰箱:2～5℃。

A.1.3 均质器及无菌均质袋、均质杯或灭菌乳钵。

A.1.4 天平:感量 0.1 g。

A.1.5 无菌试管:18 mm×180 mm。

A.1.6　无菌吸管：1 ml(具 0.01 ml 刻度)，10 ml(具 0.1 ml 刻度)，或微量移液器及吸头。

A.1.7　无菌锥形瓶：500 ml，250 ml。

A.1.8　无菌培养皿：直径 90 mm。

A.1.9　无菌 L 型涂布棒：玻璃、塑料或者不锈钢材料制成，棒体直径不应大于 2 mm。

A.1.10　显微镜：10×～100×。

A.2　培养基和试剂

A.2.1　30%葡萄糖溶液(pH6.5±0.5)

A.2.1.1　成分

无水葡萄糖　30.0 g

蒸馏水　100 ml

A.2.1.2　制法

称量适量葡萄糖，溶解在蒸馏水中，必要时调节 pH 为 6.4 左右。分装后，115℃高压灭菌 20 min。

A.2.2　氯硝胺 18%甘油(DG18)琼脂

A.2.2.1　成分

酪蛋白胨	5.0 g
无水葡萄糖	10.0 g
磷酸二氢钾	1.0 g
硫酸镁($MgSO_4 \cdot H_2O$)	0.5 g
氯硝胺	0.002 g
无水甘油	200 g
琼脂	15 g
氯霉素	0.1 g
蒸馏水	1 000 ml

A.2.2.2　制法

除氯霉素外，将全部成分加热煮沸至完全溶解，如有必要，调节 pH 为 6.4 左右。加入抗生素，121℃高压灭菌 15 min，最终的 pH 应为 5.6±0.2。灭菌后，立即在 44～47℃水浴冷却至 50℃以下，在每个灭菌平皿中倾注 15～20 ml 培养基，放置在水平的台面上冷却固化备用。如有必要，可以放在 36℃培养箱中过夜，使琼脂表面干燥无水珠。避光保存。

A.3　检验程序

嗜渗酵母检验程序见图 A.1。

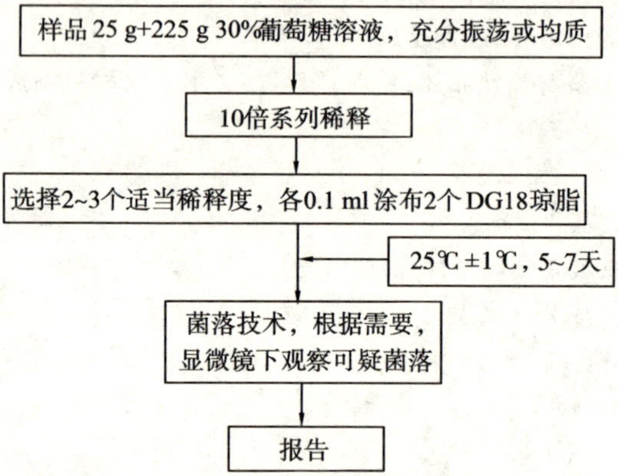

图 A.1　嗜渗酵母检验程序

A.4　操作步骤

A.4.1　样品采集和保存

样品采集后，应尽可能及时检验。若不能及时检验，普通样品应置 2～5℃冰箱保存，在 24 h 内检验。冷冻样品应在 45℃以下不超过 15 min 或在 2～5℃不超过 18 h 解冻。

A.4.2　样品稀释

A.4.2.1　取样　以无菌操作在天平上称取固体或液体检样 25 g，加入 30％葡萄糖稀释液 225 g，用旋转刀片式均质器以 8 000 r/min 均质 1 min，或拍击式均质器拍击 2 min，制备成 1∶10 的均匀稀释液。如无均质器，则将样品放入加有玻璃珠的无菌锥形瓶中，并充分振荡。

A.4.2.2　梯度稀释　用灭菌吸管吸取 1∶10 稀释液 1 ml，注入含有 9 ml 30％葡萄糖稀释液的试管内，置于漩涡混悬仪上混匀，制备 1∶100 的稀释液。另取 1 ml 灭菌吸管，按前操作依次制备 10 倍递增稀释液，每递增稀释一次，换用 1 支 1 ml 灭菌吸管。

A.4.3　涂布和培养

A.4.3.1　根据对检样污染情况的估计，选择 2～3 个连续的适宜稀释度，每个稀释度接种 2 个 DG18 琼脂平板。在充分混合稀释液之后，立即在每个平板表面接种 0.1 ml，接着用无菌的 L 型涂布棒进行充分的琼脂表面涂布。注意涂布棒下端不得触碰培养皿的侧缘。进行样品检验的同时，应同时在 2 个 DG18 琼脂平板表面接种 0.1 ml 的稀释液作为空白对照。

A.4.3.2　接种完成后，尽快将全部平板置 25℃±1℃恒温箱内避光培养。培养时勿翻转培养皿。为防止出现霉菌的过度蔓延生长掩盖了目标菌落，在培养 48 h 后，即开始每日观察平板上面真菌生长情况。培养 7 天结束。

A.4.4　菌落计数

A.4.4.1　选择菌落数量在 15～150 之间的平板，计数菌落数量。

A.4.4.2　典型的嗜渗酵母在 DG18 琼脂平板上呈现为圆形、中心隆起、不透明、边缘整齐的菌落，直径 1～2 mm。必要时，可利用低倍显微镜直接观察平板上生长的菌落是否为细菌菌落。如出现霉菌菌落干扰时，不应计数丝状菌落。

A.4.5　报告

参照 GB 4789.2 的报告方式，以 CFU/g 为单位报告样品中嗜渗酵母的数量。

蜂　蜜

Honey

GH/T 18796-2012

前言

本标准按照 GB/T 1.1-2009 给出的规则起草。

本标准最初于 1982 年发布，后变为国家标准(GB 18796-2005)。由于 2011 年 4 月 20 日《食品安全国家标准　蜂蜜》的发布，现修订为行业标准。

本标准与 GB 18796-2005《蜂蜜》相比主要变化如下：

根据《中华人民共和国食品安全法》的要求，由强制性标准修改为推荐性标准；

所有理化指标合并，不分强制性和推荐性；

修改了非零售包装要求；

修改了附录 A。

本标准的附录 A 是规范性附录。

本标准由中华全国供销合作总社蜜蜂产品标准化技术委员会秘书处提出。

本标准由中华全国供销合作总社归口。

本标准起草单位：中华全国供销合作总社蜜蜂产品标准化技术委员会秘书处、中国蜂产品协会蜂蜜专业委员会、北京百花蜂业科技发展股份公司。

本标准主要起草人：杨寒冰、殷客卿、谭丽蕊。

本标准历次版本的发布情况为：

GH 012-1982 蜂蜜

GH/T 1001-1998 预包装食用蜂蜜

GB/T 18796-2002 蜂蜜

1　范围

本标准规定了蜂蜜的定义及其被从巢脾中分离出来后的品质、包装、标志、运输、贮存要求。

本标准适用于除了巢脾蜂蜜（巢蜜）以外的其他以蜂蜜作为产品名称或产品名称主词的产品。

2　规范性引用文件

下列文件对于本文件的应用是必不可少的。凡是注日期的引用文件，仅所注日期的版本适用于本文件。凡是不注日期的引用文件，其最新版本（包括所有的修改单）适用于本文件。

GB/T 191 包装储运图示标志

GB 5009.4 食品中灰分的测定

GB 7718 食品安全国家标准　预包装食品标签通则

GB 14963 食品安全国家标准　蜂蜜

GB/T 18932.1 蜂蜜中碳-4 植物糖含量测定方法　稳定碳同位素比率法

GB/T 18932.16 蜂蜜中淀粉酶值的测定方法　分光光度计法

GB/T 18932.18 蜂蜜中羟甲基糠醛含量的测定方法　液相色谱—紫外检测法

GB/T 18932.22 蜂蜜中果糖、葡萄糖、蔗糖、麦芽糖含量的测定方法　液相色谱示差折光检测法

GH/T 1015-1999 蜂蜜包装钢桶

SN/T 0852-2000 进出口蜂蜜检验方法

3　术语和定义

GB 7718 确立的以及下列术语和定义适用于本标准。

3.1

蜂蜜 honey; bee honey

蜜 honey; bee honey

蜜蜂采集植物的花蜜、分泌物或蜜露，与自身分泌物结合后，

经充分酿造而成的天然甜物质。

注：蜂蜜含有多种糖，主要是果糖和葡萄糖。此外还含有有机酸、酶和来源于蜜蜂采集的固体颗粒物如植物花粉等。蜂蜜的气味和色泽随蜜源的不同而不同。色泽是水白色、琥珀色或深色。蜂蜜在通常情况下呈黏稠流体状，贮存时间较长或温度较低时可形成部分或全部结晶。

3.2

〈蜂蜜〉酿造 make

（与蜜蜂分泌物结合后的）花蜜、植物分泌物或蜜露在巢脾内转化、脱水、贮存至成熟的过程。

3.3

单一花种蜂蜜 unifloral honey，monofloral honey

单一植物蜂蜜 unifloral honey，monofloral honey

单花种蜂蜜 unifloral honey，monofloral honey

蜜蜂主要采集一种蜜源植物的花蜜或分泌物酿造的蜂蜜。

3.4

多花种（混合）蜂蜜 multifloral honey

多种植物（混合）蜂蜜 multifloral honey

杂花蜂蜜 multifloral honey

杂花蜜 multifloral honey

蜜蜂采集两种或两种以上蜜源植物的花蜜或分泌物酿造的蜂蜜，以及两种或两种以上单一植物蜂蜜的混合物。

3.5

蜜露 honeydew

甘露 honeydew

吮吸植物汁液的昆虫排出的甜物质。

3.6

蜜露蜂蜜 honeydew honey

甘露蜂蜜 honeydew honey

蜜露蜜 honeydew honey

甘露蜜 honeydew honey

蜜蜂采集蜜露,与自身分泌物结合后,经充分酿造而成的天然甜物质。

注:蜂蜜的一个品种。

4 要求

4.1 感官要求

4.1.1 色泽

依蜜源品种不同,由水白色(几乎无色)、白色、特浅琥珀色、浅琥珀色、琥珀色至深色(暗褐色)。常见单一花种蜂蜜的色泽见附录A。

4.1.2 气味

有蜜源植物的花的气味。单一花种蜂蜜有该种蜜源植物的花的气味。没有酸或酒的挥发性气味和其他异味。

4.1.3 滋味

依蜜源品种不同,甜、甜润或甜腻。某些品种有微苦、涩等刺激味道。常见单一花种蜂蜜的滋味见附录A。

注:甜润指感觉舒适的甜味感,甜腻指感觉过于甜的甜味感。

4.1.4 状态

a)常温下呈黏稠流体状,或部分及全部结晶;

b)不含蜜蜂肢体、幼虫、蜡屑及其他肉眼可见杂物;

c)没有发酵征状。

4.2 等级

依理化品质不同,分为一级品和二级品两个等级。

在合同条件下,可以对不符合一级品要求、但符合二级品要求的蜂蜜依据理化品质、感官特征差别细分出若干级差。但本条款仅限于在合同双方之间采用。

4.3 理化要求

理化要求见表1。

表1 理化要求

项 目		一级品	二级品
水分/%	≤		
荔枝蜂蜜、龙眼蜂蜜、柑橘蜂蜜、鹅掌柴蜂蜜、乌桕蜂蜜		23	26
其他		20	24
果糖和葡萄糖含量/%	≥	60	
蔗糖/%	≤		
桉树蜂蜜、柑橘蜂蜜、紫花苜蓿蜂蜜、荔枝蜂蜜、野桂花蜂蜜		10	
其他		5	
酸度(1 mol/L 氢氧化钠),ml/kg	≤	40	
羟甲基糠醛,mg/kg	≤	40	
淀粉酶活性(1%淀粉溶液)/[ml/(g·h)],	≥		
荔枝蜂蜜、龙眼蜂蜜、柑橘蜂蜜、鹅掌柴蜂蜜		2	
其他		4	
灰分/%	≤	0.4	

4.4 安全卫生要求

应符合 GB 14963 的规定。

4.5 真实性要求

4.5.1 蜂蜜中不得添加任何当前明确或不明确的添加物。

4.5.2 如果在蜂蜜中添加其他物质,不应以“蜂蜜”或“蜜”作为产品名称或名称主词。

4.5.3 碳-4 植物糖含量采用 GB/T 18932.1 的方法试验时,试验结果 X(蜂蜜中碳-4 植物糖的百分含量)不得大于 7。

4.6 产品名称要求

应选用下列名称之一:

a)符合本标准定义的产品方可称为“蜂蜜”或简称为“蜜”;

b)采用过滤工艺除去了花粉的蜂蜜应称为“过滤蜂蜜”；

c)可以在“蜂蜜”前加上表示色泽的形容词；

示例：白色蜂蜜。

d)如果蜂蜜主要产自一种植物或花，并具有此种蜂蜜的物理、化学和微观特性，可以在“蜂蜜”前加上这种植物或花的名称；

注：常见单一花种蜂蜜的产品名称见附录A。

示例：刺槐蜂蜜。

e)可以采用“液态蜂蜜”“结晶蜂蜜”名称，表明物理状态；

f)按前款b)、c)、d)、e)组合方式命名；

g)如果蜂蜜是一种蜜蜂酿造，可以在产品名称前加上这种蜜蜂的名称，写在括号内；

示例：(东北黑蜂)蜂蜜。

h)本标准第3.1、3.3、3.4和3.6条术语可以作为产品名称。

4.7 特殊限制要求

不应使用化学或生化处理方法改变蜂蜜的结晶变化。

加热处理时温度不能过高，防止蜂蜜基本成分发生变化，造成质量损害。

5 试验方法

5.1 总则

本章规定的试验方法是仲裁采用的方法。本标准5.9规定了两个等效的方法。

5.2 试样制备

试验方法标准有规定的，按标准规定制备。没有规定的，按SN/T 0852-2000中3.1制备。

5.3 水分

采用SN/T 0852-2000中3.4规定的方法。

5.4 果糖和葡萄糖、蔗糖

采用GB/T 18932.22规定的方法。

5.5　灰分

采用 GB 5009.4 规定的方法。

5.6　真实性要求

采用 GB/T 18932.1 规定的方法。

5.7　酸度

采用 SN/T 0852-2000 中 3.5 规定的方法。试验结果换算成以(1 mol/L 氢氧化钠)ml/kg 为单位。

5.8　羟甲基糠醛

采用 GB/T 18932.18 规定的方法。

5.9　淀粉酶活性

采用 GB/T 18932.16 规定的方法。

也可采用 SN/T 0852-2000 中 3.6 规定的方法。该方法中 3.6.2.1.5"准确称取适量淀粉(相当于干态 1 g)于 250 ml 高型烧杯中……"改为"准确称取适量淀粉(相当于干态 2 g)于 250 ml 高型烧杯中",其他规定不变。

5.10　色泽

采用 SN/T 0852-2000 中 3.2 规定的方法。

6　包装

6.1　非零售包装

6.1.1　非零售包装的包装钢桶应符合 GH/T 1015-1999 要求。投入使用的这种包装钢桶其桶龄自出厂日期起,不得超过 5 年。

也可使用其他带盖的食品包装容器。

不应使用镀锌桶或盛装过药品、燃料油、食用油或其他化工产品的包装容器。

6.1.2　包装容器在使用前应清洗干净,并吹干或晾干。

6.1.3　包装场地应清洁卫生,并远离污染源。

6.1.4　灌装人员在操作前应洗手消毒,并穿戴洁净的工作衣帽。

6.1.5 容器内应保留适当空隙，防止蜂蜜受热溢出。灌装后应立即盖好桶盖。

6.2 预包装

6.2.1 接触蜂蜜的包装容器和材料应符合国家食品安全卫生要求。

6.2.2 包装应严密。应采取可靠的方式，使其他人员能够识别该容器在包装后是否曾被开启。

7 标志

7.1 非零售包装的标志

在包装上应标明产品名称、生产日期或批号、生产者（加工者或包装者）的名称和地址。

7.2 预包装的标签

7.2.1 应符合 GB 7718 要求。

7.2.2 产品名称应符合本标准 4.6 的要求。

7.2.3 非零售包装产品的标签应按照 GB 7718 中 4.1 项下的相应要求标示产品名称、规格、净含量、生产日期、保质期和贮存条件，其他内容如未在标签上标注，则应在说明书或合同中注明。

图示标志应符合 GB/T 191 标准规定。

8 贮存

8.1 贮存场所应清洁卫生，防高温，防风雨，远离污染源。

8.2 不得与有毒、有害、有腐蚀性、有异味、易挥发的物品同场所贮存。

9 运输

9.1 运输工具应清洁卫生。

9.2 不得与有毒、有害、有腐蚀性、有异味、易挥发的货物混装运输。

9.3 防暴晒、防风雨。

附录 A

（规范性附录）

表 A.1　　常见单一花种蜂蜜的感官特性

产品名称	蜜源植物	色泽	气味/滋味	结晶状态
桉树蜂蜜	桃金娘科桉属大叶桉 *Eucalyptus robusta* Smith	琥珀色、深色	有桉醇味。甜，微涩	易结晶。结晶暗黄色，粒粗
	桃金娘科桉属隆缘桉 *Eucalyptus exserta* F. Muell	琥珀色、深色	有桉醇味。甜，微酸	易结晶。结晶暗黄色，粒粗
	桃金娘科桉属柠檬桉 *Eucalyptus citriodora* Hook. f.	琥珀色、深色	有柠檬香味。甜，微涩	易结晶。结晶暗黄色，粒粗
白刺花蜂蜜	豆科白刺花 *Sophora viciifolia* Hance	浅琥珀色	清香。甜润	结晶乳白，细腻
草木樨蜂蜜	豆科黄香草木樨 *Melilotus officinalis* （L） Desr.	浅琥珀色	清香。甜润	结晶乳白，细腻
	豆科白香草木樨 *Melilotus albus* Desr.	水白色、白色	清香。甜润	结晶乳白，细腻
刺槐蜂蜜（洋槐蜂蜜）	豆科刺槐 *Robinia pseudoacacia* L.	水白色、白色	清香。甜润	不易结晶。偶有结晶乳白，细腻
椴树蜂蜜	椴树科紫椴 *Tilia amurensis* Rupr.	特浅琥珀色	香味浓。甜润	易结晶。结晶乳白，细腻
	椴树科糠椴 *Tilia mandschurica* Rupr et Maxin.	特浅琥珀色	甜润	易结晶。结晶乳白，细腻

（续表）

产品名称	蜜源植物	色泽	气味/滋味	结晶状态
鹅掌柴蜂蜜（鸭脚木蜂蜜）	五加科鹅掌柴 *Schefflera octophylla* Harms.	浅琥珀色、琥珀色	甜，微苦	易结晶。结晶乳白，细腻
柑橘蜂蜜（柑橘蜂蜜）	芸香科柑橘 *Citrus reticulata* Blanco.	浅琥珀色	香味浓。甜润	易结晶。结晶乳白，细腻
胡枝子蜂蜜	豆科胡枝子 *Lespedeza bicolor* Turcz.	浅琥珀色	略香。甜润	易结晶。结晶乳白，细腻
荆条蜂蜜（荆花蜂蜜）	马鞭草科荆条 *Vitex negundo* var. *hetero-phyl-la* Rehd.	浅琥珀色	略香。甜润	易结晶。结晶乳白，细腻
老瓜头蜂蜜	萝摩科老瓜头 *Cynanchum romarovii* Al. Iljinski	浅琥珀色	有香味。甜腻	结晶乳白色
荔枝蜂蜜	无患子科荔枝 *Litchi chinensis* Sonn.	浅琥珀色	香味浓。甜润	易结晶。结晶乳白，粒细
柃属蜂蜜（野桂花蜂蜜）	山茶科柃属 Eurya	水白色、白色	清香。甜润	不易结晶。偶有结晶乳白，细腻
龙眼蜂蜜	无患子科龙眼 *Dimocarpus longan* Lour.	琥珀色	有香味。甜润	不易结晶。偶有结晶，琥珀色，颗粒略粗
密花香薷蜂蜜（野藿香蜂蜜）	唇形科密花香薷 *Elsholtzia densa* Benth.	浅琥珀色	有香味。甜	结晶粒细

（续表）

产品名称	蜜源植物	色泽	气味/滋味	结晶状态
棉花蜂蜜	锦葵科 陆地棉 *Gossypium hirsutum* L.	浅琥珀色、琥珀色	无香味。甜	易结晶。结晶乳白，粒细、硬
	锦葵科海岛棉 *Gossypium barbadense* L.	浅琥珀色、琥珀色	无香味。甜	易结晶。结晶乳白，粒细、硬
枇杷蜂蜜	蔷薇科枇杷 *Friobotrya japonica* (Thunb.) Lindl.	浅琥珀色	有香味。甜润	结晶乳白，颗粒略粗
荞麦蜂蜜	蓼科荞麦 *Fagopyrum esculentum* Moen-Ch.	深琥珀色	有刺激味。甜腻	易结晶。结晶琥珀色，粒粗
乌桕蜂蜜	大戟科乌桕 *Sapium sebiferum* (L.)Roxb.	琥珀色	甜味略淡，微酸	易结晶。结晶暗黄，粒粗
	大戟科山乌桕 *Sapium discolor* (Champ.) Muell. -Arg	琥珀色	甜味略淡	易结晶。结晶微黄，粒粗
向日葵蜂蜜（葵花蜂蜜）	菊科向日葵 *Helianthus annuus* L.	浅琥珀色、琥珀色	有香味。甜润	易结晶。结晶微黄
野坝子蜂蜜	唇形科野坝子 *Elsholtzia rugulosa* Hemsl.	浅琥珀色，略带绿色	有香味。甜	极易结晶。结晶分粗细两种，细腻的质硬
野豌豆蜂蜜（苕子蜂蜜）	豆科 广布野豌豆 *Vicia sativa* L.	浅琥珀色	清香。甜润	结晶细腻
	豆科 长柔毛野豌豆 *Vicia villosa* Roth.	特浅琥珀色	清香。甜润	结晶细腻
油菜蜂蜜	十字花科油菜 *Brassica campestris* L.	琥珀色	甜，略有辛辣或草青味	极易结晶。结晶乳白，细腻

（续表）

产品名称	蜜源植物	色泽	气味/滋味	结晶状态
枣树蜂蜜（枣花蜂蜜）	鼠李科枣 *Ziziphus jujuba* Mill. var. *inermis* (Bunge) Rehd.	浅琥珀色、琥珀色、深色	甜腻	不易结晶
芝麻蜂蜜	胡麻科芝麻 *Sesamum orientale* L.	浅琥珀色、琥珀色	有香味。甜，略酸	结晶乳白色
紫花木樨蜂蜜	豆科紫花木樨 *Medicago sativa* L.	浅琥珀色	有香味。甜	易结晶。结晶乳白，粒粗
紫云英蜂蜜	豆科紫云英 *Astragalus sinius* L.	白色、特浅琥珀色	清香。甜腻	不易结晶。偶有结晶乳白，细腻

注：色泽的描述采用 SN/T 0852-2000 中 3.2 用词。依水分含量不同，色泽、气味和滋味略有差异。

巢 蜜

Comb honey

GB/T 33045-2016

本标准按照 GB/T 1.1 2009 给出的规则起草。

本标准由中华全国供销合作总社提出。

本标准由全国蜂产品标准化工作组（SAC/SWG 2）归口。

本标准起草单位：北京市蜂业公司、绿纯（北京）生物科技发展中心、中国蜂产品协会蜂产品生产专业委员会、中国蜂产品协会蜂蜜专业委员会、农业部蜂产品检测中心、杭州蜂之语蜂业股份有限公司、山东康宝蜂业有限公司、兰溪市鸿香生物科技有限公司。

本标准主要起草人：吴忠高、杨寒冰、刘进祖、谢勇、周萍、周金慧、刘进、张永贵、张传武、王星、李胜良、汪志平、陈云。

1 范围

本标准规定了巢蜜的术语和定义、技术要求、试验方法、包装、标志、贮存、运输。

本标准适用于养蜂生产中获得的巢蜜和经包装形成的巢蜜产品。

本标准不适用于由旧巢脾生产的巢蜜。

2 规范性引用文件

下列文件对于本文件的应用是必不可少的。凡是注日期的引用文件，仅注日期的版本适用于本文件。凡是不注日期的引用文件，其最新版本(包括所有的修改单)适用于本文件。

GB/T 191 包装储运图示标志

GB 1886.87-2015 食品安全国家标准 食品添加剂 蜂蜡

GB 7718 食品安全国家标准 预包装食品标签 通则

GB/T 18932.16 蜂蜜中淀粉酶值的测定方法 分光光度法

GB/T 18932.18 蜂蜜中羟甲基糠醛含量的测定方法 液相色谱—紫外检测法

GB/T 20573 蜜蜂产品术语

GB/T 22221 食品中果糖、葡萄糖、蔗糖、麦芽糖、乳糖的测定 高效液相色谱法

GH/T 18796-2012 蜂蜜

SN/T 0852-2012 进出口蜂蜜检验规程

3 术语和定义

GB/T 20573 界定的以及下列术语和定义适用于本文件。为了便于使用，以下重复列出了 GB/T 20573 中的某些术语和定义。

3.1 巢蜜 comb honey

在封盖的蜜脾内贮存的蜂蜜，由蜂巢和蜂蜜两部分组成，巢房封盖 90%以上。

注：巢蜜主要有大块巢蜜、格子巢蜜、切块巢蜜 3 种类型。

3.2 **旧巢脾 old comb**

已在蜂群中使用1年以上或已繁殖过蜜蜂的巢脾，色泽通常为浅褐色、褐色或黑色，巢房内有蜜蜂孵化或贮存蜂粮后残留的茧衣、花粉、蜂胶等物质。

3.3 **大块巢蜜 whole comb honey**

蜜脾完整，未经切割的巢蜜。

[GB/T 20573-2006，定义4.1.7.5.1]

3.4 **格子巢蜜 section honey in grid**

把巢础放在固定形状的框格或容器中，由工蜂筑造巢脾生产的巢蜜。

注：改写GB/T 20573-2006，定义4.1.7.5.2。

3.5 **切块巢蜜 striping and slicing comb honey**

大块巢蜜经过切割形成的巢蜜。

[GB/T 20573-2006，定义4.1.7.5.4]

4 技术要求

4.1 感官要求

应符合表1的规定。

表1 感官要求

项目	要求
状态	顶部有蜡盖密封，蜡盖下方为蜂蜜和蜂巢。蜂蜜呈黏稠流体状，或部分及全部结晶。无发酵气泡征状，无肉眼可见的杂质
色泽	根据蜜源品种不同，巢房和蜡盖为乳白、浅黄、鲜黄、黄色、橘黄色，巢房内蜂蜜呈水白色至深琥珀色
滋味	具有蜂蜜特有的甜、甜润或甜腻的滋味，某些品种有微苦、涩等刺激味道
气味	具有蜜源植物特有的花香味和蜂蜡香味，无酸味、酒味等发酵气味和其他异味

4.2 理化要求

4.2.1 蜂蜜部分

应符合表2的规定。

表2 理化要求

项 目	指标
水分/(g/100 g)	20
果糖和葡萄糖含量/(g/100 g)	65
蔗糖含量/(g/100 g)	5
羟甲基糠醛(HMF)/(mg/kg)	20
淀粉酶活性(1%淀粉溶液)/[ml/(g·h)]	6
蜜蜡比值	6

4.2.2 蜂巢(含蜡盖)部分

应符合GB 1886.87-2015中2.2理化指标的规定。

4.3 安全卫生要求

应符合国家相关法律、法规、规章和标准的规定。

4.4 生产要求

4.4.1 生产大块巢蜜、切块巢蜜的巢础应用纯蜂蜡制造。

4.4.2 格子巢蜜的格子应用符合国家食品安全要求的材料制造。

4.4.3 在生产巢蜜过程中,不得向蜂群饲喂或向巢脾直接灌装人工合成糖浆等物质。

5 试验方法

5.1 感官要求检验

5.1.1 状态、色泽 将样品切割后置于洁净的烧杯中,在自然光下用肉眼分别观察巢房、封盖及切割面蜂蜜的状态,其中蜂蜜部分的色泽参见GH/T 18796-2012中附录A。

5.1.2 滋味 取巢蜜样品,口尝,其中蜂蜜部分的色泽参见

GH/T 18796-2012 中附录 A。

5.1.3　气味　取巢蜜样品，鼻闻。

5.2　理化要求检验

5.2.1　样品制备

5.2.1.1　分别从样品四角方位及中心位 5 个点取巢蜜样品 300～500 g，然后用粉碎机粉碎并混合均匀，再用挤压过滤或者离心分离的方式使巢蜜中的蜂蜜与蜂蜡分离成两部分。

5.2.1.2　取 5.2.1.1 中的蜂蜜部分约 150 g，按 SN/T 0852-2012 中 4.2 制样规定进行制样，再经过 120 目干燥的不锈钢筛网后，用于蜂蜜部分的检验。

5.2.1.3　取 5.2.1.1 中的蜂蜡部分，加入 100 ml 水，超声 10 min，用 18 cm 定性滤纸过滤，滤纸及蜂蜡部分用纯净水洗涤，反复 4～5 次，至滤液透明无味，将滤纸于 50℃下于通风的烘箱中放置 16～20 h，或者 50℃、真空度小于－0.096 MPa 下真空干燥 4 h 以上取出，滤纸上的蜂蜡部分用于蜂蜡部分的检验。

5.2.2　水分　按 SN/T 0852-2012 中 4.4.1 规定的方法进行。

5.2.3　果糖和葡萄糖、蔗糖含量　按 GB/T 22221 规定的方法进行。

5.2.4　羟甲基糠醛（HMF）　按 GB/T 18932.18 规定的方法进行。

5.2.5　淀粉酶活性　按 GB/T 18932.16 规定的方法进行。

5.2.6　蜜蜡比值检验　取 5.2.1.1 经过粉碎混合均匀的巢蜜样品 10 g（精确到 0.01 g），加入 50 ml 水，超声溶解 10 min，用事先称重的 18 cm 定性滤纸（m^3）过滤，滤纸及蜂蜡部分用纯净水洗涤，反复 4～5 次，至滤液透明无味，将滤纸于 50℃的通风烘箱中放置 16～20 h，或者 50℃、真空度小于－0.096 MPa 下真空干燥 4 h 以上，取出后置于干燥器中，15 min 后称量（m^2）。按式（1）计算蜜蜡比值：

$$X=\frac{m_1-(m_2-m_3)}{m_2-m_3} \quad \cdots\cdots\cdots\cdots\cdots\cdots (1)$$

式中：X 为蜜蜡比值；m_1 为称取样品的质量，单位为克(g)；m_2 为滤纸和蜂蜡的质量，单位为克(g)；m_3 为滤纸的质量，单位为克(g)。

计算结果保留小数点后 1 位有效数字。

5.2.7　蜂巢(含蜡盖)部分

按 GB 1886.87-2015 规定的方法进行。

6　包装、标志、贮存、运输

6.1　包装

包装材料应符合食品安全要求；内包装材料应具有气密性和防潮性，不易破损、无泄漏。

6.2　标志

6.2.1　非零售包装物或者标识上应按规定标明产品的品名、净含量、产地、生产者(加工者或包装者)或经营单位，生产日期、保质期等内容，单一品种需注明蜜源植物。

6.2.2　预包装食品标签应符合 GB 7718 规定的要求，运输包装标志应符合 GB/T 191 的规定。

6.3　贮存

6.3.1　贮存于阴凉干燥处，密闭、防潮。

6.3.2　不得与有毒、有害、有异味、易挥发的物品同场所贮存。

6.3.3　贮存场所应清洁卫生，防高温、防风雨、远离污染源，有防鼠防虫措施。

6.4　运输

6.4.1　运输工具应清洁卫生，有防晒防雨防湿措施。

6.4.2　运输过程应轻装轻卸，避免暴晒、高温，且避免与有毒、有害、有异味、易污染的物品混装同运。

枣花蜂蜜

Jujube honey

DB37/T 2226-2012

前言

本标准按照 GB/T 1.1-2009 给出的规则起草。

本标准由山东省畜牧业标准化技术委员会提出。

本标准由山东省畜牧业标准化技术委员会归口。

本标准负责起草单位：山东省蜂业与蜂产品质量检验所。

本标准主要起草人：姜风涛、刘新迎、胡智胜。

引言

枣花蜂蜜是山东省优质单花蜜种。为规范山东省枣花蜂蜜的生产、加工、销售，控制农残和药残等有毒有害物质在枣花蜂蜜中的残留量，特制定本标准。

1　范围

本标准规定了枣花蜂蜜的定义、要求、试验方法、检验规则、标志、包装、运输及贮存。

本标准适用于山东省境内枣花蜂蜜的生产、加工、检验、贮存、运输及销售。

2　规范性引用文件

下列文件对于本文件的应用是必不可少的。凡是注日期的引用文件，仅所注日期的版本适用于本文件。凡是不注日期的引用文件，其最新版本（包括所有的修改单）适用于本文件。

GB/T 191　包装储运图示标志

GB 7718　食品安全国家标准　预包装食品标签通则

GB 14963　食品安全国家标准　蜂蜜

GH/T 18796　蜂蜜

GB/T 18932.21　蜂蜜中氯霉素残留量的测定方法　酶联免疫法

GB/T 18932.28　蜂蜜中四环素族抗生素残留量测定方法　酶联免疫法

GB/T 23194　蜂蜜中植物花粉的测定方法

SN/T 0213.5　出口蜂蜜中氟胺氰菊酯残留量的检验方法　液相色谱法

GB/T 23509　食品包装容器及材料　分类

SN/T 0852　进出口蜂蜜检验方法

3　术语和定义

下列术语和定义适用于本文件。

3.1　枣花蜂蜜 Jujube Honey

系蜜蜂采集枣树植物的花蜜，与自身的分泌物混合后，经过充分酿造而成的天然甜物质。

4　要求

4.1　感官要求

感官要求应符合表1的规定。

表1　感官要求

项　目	指　　标
色　泽	浅琥珀色、琥珀色至深琥珀色
气味与味道	浓郁的枣花香味，口感甜腻，无异味
状　态	常温下质地黏稠，流体状。不得发酵
杂　质	不含肉眼可见的杂质

4.2　理化要求

理化指标应符合表2的规定。

表 2　　理化要求

项　　目		指　标
水分(g/100 g)		17～24
果糖和葡萄糖(g/100 g)	≥	65
蔗糖(g/100 g)	≤	5
灰分(g/100 g)	≤	0.4
酸度(1 mol/L 氢氧化钠)(ml/kg)	≤	40
淀粉酶活性(1%淀粉溶液)[ml/(g·h)]	≥	8
枣花花粉率(粒/100 粒)	≥	40

4.3　卫生安全要求

卫生安全要求应符合表 3 规定。

表 3　　安全卫生要求

项　　目		指　标
菌落总数(cfu/g)	≤	1 000
大肠菌群(MPN/100 g)	≤	30
霉菌、酵母菌总数(cfu/g)	≤	200
嗜渗酵母总数(cfu/g)	≤	200
致病菌		不得检出
羟甲基糠醛(HMF)(mg/kg)	≤	30
氯霉素(μg/kg)	≤	0.3
四环素族抗生素(mg/kg)	≤	0.015
氟胺氰菊酯(mg/kg)	≤	0.05

4.4　真实性要求

不得从蜂蜜中提取任何物质，不得向蜂蜜中添加任何物质。

5 试验方法

5.1 取样

按 SN/T 0852 中 2 规定取样。每份样品重量不得少于 0.5 kg。

5.2 试样制备

按 SN/T 0852 中 3.1 规定制备。

5.3 感官检验

5.3.1 色泽 按 SN/T 0852 中 3.2 规定检验。

5.3.2 气味和味道 按 SN/T 0852 中 3.3 规定检验。

5.4 理化检验

5.4.1 水分 按 GH/T 18796 中 5.3 规定检验。

5.4.2 果糖和葡萄糖 按 GH/T 18796 中 5.4 规定检验。

5.4.3 蔗糖 按 GH/T 18796 中 5.4 规定检验。

5.4.4 灰分 按 GH/T 18796 中 5.5 规定检验。

5.4.5 酸度 按 GH/T 18796 中 5.7 规定检验。

5.4.6 淀粉酶活性 按 GH/T 18796 中 5.9 规定检验。

5.4.7 刺槐花粉率 按 GB/T 23194 规定检验。

5.5 卫生安全检验

5.5.1 微生物限量 按 GB 14963 中 3.6 规定方法检验。

5.5.2 羟甲基糠醛 按 GH/T 18796 中 5.8 规定检验。

5.5.3 氯霉素 按 GB/T 18932.21 规定检验。

5.5.4 四环素族抗生素 按 GB/T 18932.28 规定检验。

5.5.5 氟胺氰菊酯 按 SN/T 0213.5 规定检验。

6 检验规则

6.1 组批规则

原料品质、工艺条件、品种、规格、包装相同的产品为一批。

6.2 抽样方法

按照 SN/T 0852 标准有关规定执行。一式三份供检验、复验和备查用，每份样品的重量不得少于 0.5 kg。

6.3　出厂检验

产品出厂前，应由生产方最终检验部门按本部分5进行检验。检验符合本部分4.1，4.2，4.3后附合格证方可出厂。出厂检验项目也可根据产品接受方要求进行。进入流通领域应按有关规定和标准检验。

6.4　型式检验

有下列情况之一者，应进行型式检验：

a)停产3个月后，恢复生产时；

b)原料、工艺条件、环境等条件变化，并可能影响产品质量时；

c)出厂检验结果与上次型式检验有较大差异时；

d)质量监督部门或其他主管部门提出型式检验要求时。

6.5　判定规则

出厂检验和型式检验要求有一项以上(含一项)未达到本标准规定要求时，应重新在同一批产品中加倍抽样进行复检，若仍有一项未达标，则判定该批产品不合格。

7　包装、标志、运输、贮存

7.1　包装

7.1.1　包装材料应符合GB/T 23509的标准要求。

7.1.2　包装应简单、实用，避免过度包装，并考虑包装材料的回收利用。

7.2　标识

7.2.1　图示标志应符合GB/T 191的要求。

7.2.2　产品标签应符合GB 7718的要求。

7.3　贮藏、运输

7.3.1　产品与贮藏运输应符合GH/T 18796的要求。

7.3.2　贮藏和运输过程必须有完整的档案记录，并保留相应的单据。

刺槐蜂蜜

Robinia Honey

DB37/T 2217-2012

前言

本标准按照 GB/T 1.1-2009 给出的规则起草。

本标准由山东省畜牧业标准化技术委员会提出。

本标准由山东省畜牧业标准化技术委员会归口。

本标准负责起草单位:山东省蜂业与蜂产品质量检验所。

本标准主要起草人:刘新迎、姜风涛、胡智胜。

引言

刺槐蜂蜜是山东优质单花蜜种。为规范山东刺槐蜜的生产、加工、销售,控制农残和药残等有毒有害物质在刺槐蜜中的残留量,特制定本标准。

1 范围

本标准规定了刺槐蜂蜜的定义、要求、试验方法、检验规则、标志、包装、运输及贮存。

本标准适用于山东省境内刺槐蜂蜜的生产、加工、检验、贮存、运输及销售。

2 规范性引用文件

下列文件对于本文件的应用是必不可少的。凡是注日期的引用文件,仅所注日期的版本适用于本文件。凡是不注日期的引用文件,其最新版本(包括所有的修改单)适用于本文件。

GB/T 191　包装储运图示标志

GB 7718　食品安全国家标准　预包装食品标签通则

GB 14963　食品安全国家标准　蜂蜜

GH/T 18796 蜂蜜

GB/T 18932.21 蜂蜜中氯霉素残留量的测定方法 酶联免疫法

GB/T 18932.28 蜂蜜中四环素族抗生素残留量测定方法 酶联免疫法

GB/T 23194 蜂蜜中植物花粉的测定方法

SN/T 0213.5 出口蜂蜜中氟胺氰菊酯残留量的检验方法 液相色谱法

GB/T 23509 食品包装容器及材料 分类

SN/T 0852 进出口蜂蜜检验方法

3 术语和定义

下列术语和定义适用于本文件。

3.1 刺槐蜂蜜 Robinia Honey

又称洋槐蜂蜜或槐花蜂蜜。系蜜蜂采集刺槐植物的花蜜，与自身的分泌物混合后，经充分酿造而成的天然甜物质。

4 要求

4.1 感官要求

感官要求应符合表1的规定。

表1 感官要求

项　目	指　　标
色　泽	水白色、特白色、白色至特浅琥珀色
气味与味道	槐花的清香味。口感甜润。无异味
状　态	常温下呈透明或半透明黏稠流体状。不得发酵
杂　质	不含肉眼可见的杂质

4.2 理化要求

理化指标应符合表2的规定。

表 2　　理化要求

项　目		指　标
水分(g/100 g)		17～25
果糖和葡萄糖(g/100 g)	≥	65
蔗糖(g/100 g)	≤	5
灰分(g/100 g)	≤	0.4
酸度(1 mol/L 氢氧化钠)(ml/kg)	≤	40
淀粉酶活性(1%淀粉溶液)[ml/(g·h)]	≥	8
刺槐花粉率(粒/100 粒)	≥	20

4.3　卫生安全要求

卫生安全要求应符合表 3 规定。

表 3　　安全卫生要求

项　目		指　标
菌落总数(cfu/g)	≤	1 000
大肠菌群(MPN/100 g)	≤	30
霉菌、酵母菌总数(cfu/g)	≤	200
嗜渗酵母总数(cfu/g)	≤	200
致病菌		不得检出
羟甲基糠醛(HMF)(mg/kg)	≤	30
氯霉素(μg/kg)	≤	0.3
四环素族抗生素(mg/kg)	≤	0.015
氟胺氰菊酯(mg/kg)	≤	0.05

4.4　真实性要求

不得从蜂蜜中提取任何物质,不得向蜂蜜中添加任何物质。

5 试验方法

5.1 取样

按 SN/T 0852 中 2 规定取样。每份样品重量不得少于 0.5 kg。

5.2 试样制备

按 SN/T 0852 中 3.1 规定制备。

5.3 感官检验

5.3.1 色泽 按 SN/T 0852 中 3.2 规定检验。

5.3.2 气味和味道 按 SN/T 0852 中 3.3 规定检验。

5.4 理化检验

5.4.1 水分 按 SN/T 0852 中 3.4 规定检验。

5.4.2 果糖和葡萄糖 按 GH/T 18796 中 5.4 规定检验。

5.4.3 蔗糖 按 GH/T 18796 中 5.4 规定检验。

5.4.5 灰分 按 GH/T 18796 中 5.5 规定检验。

5.4.6 酸度 按 GH/T 18796 中 5.7 规定检验。

5.4.7 淀粉酶活性 按 GH/T 18796 中 5.9 规定检验。

5.4.8 刺槐花粉率 按 GB/T 23194 规定检验。

5.5 卫生安全检验

5.5.1 微生物限量 按 GB 14963 中 3.6 规定方法检验。

5.5.2 羟甲基糠醛 按 GH/T 18796 中 5.8 规定检验。

5.5.3 氯霉素 按 GB/T 18932.21 规定检验。

5.5.4 四环素族抗生素 按 GB/T 18932.28 规定检验。

5.5.5 氟氨氰菊酯 按 SN/T 0213.5 规定检验。

6 检验规则

6.1 组批规则

原料品质、工艺条件、规格、包装相同的产品为一批。

6.2 抽样方法

按照 SN/T 0852 标准有关规定执行。一式三份供检验、复验和备查用，每份样品的重量不得少于 0.5 kg。

6.3 出厂检验

产品出厂前，应由生产方最终检验部门按本部分 5 进行检验。检验符合本部分 4.1，4.2，4.3 后，附合格证方可出厂。出厂检验项目也可根据产品接受方要求进行。进入流通领域应按有关规定和标准检验。

6.4 型式检验

有下列情况之一者，应进行型式检验：

a)停产 3 个月后，恢复生产时；

b)原料、工艺条件、环境等条件变化，并可能影响产品质量时；

c)出厂检验结果与上次型式检验有较大差异时；

d)国家质量监督机构或客户提出型式检验要求时。

6.5 判定规则

出厂检验和型式检验要求有一项以上(含一项)未达到本标准规定要求时，应重新在同一批产品中加倍抽样进行复检，若仍有一项未达标，则判定该批产品不合格。

7 包装、标志、运输、贮存

7.1 包装

7.1.1 包装材料应符合 GB/T 23509 的标准规定。

7.1.2 包装应简单、实用，避免过度包装，并考虑包装材料的回收利用。

7.2 标识

7.2.1 图示标志应符合 GB/T 191 的规定。

7.2.2 产品标签应符合 GB 7718 的规定。

7.3 贮藏、运输

7.3.1 产品与贮藏运输应符合 GH/T 18796 的规定。

7.3.2 贮藏和运输过程必须有完整的档案记录，并保留相应的单据。

蜂王浆

Royal jelly

GB/T 9697-2008

1　范围

本标准规定了蜂王浆的定义、等级、品质、试验方法、包装、标志、贮存、运输要求。

本标准适用于蜂王浆的生产和贸易。

2　规范性引用文件

下列文件中的条款通过本标准的引用而成为本标准的条款。凡是注日期的引用文件，其随后所有的修改单（不包括勘误的内容）或修订版均不适用于本标准，然而，鼓励根据本标准达成协议的各方研究是否可使用这些文件的最新版本。凡是不注日期的引用文件，其最新版本适用于本标准。

GB/T 601 化学试剂　标准滴定溶液的制备

GB/T 5009.4-2003　食品中灰分的测定

GB 7718　预包装食品标签通则

3　术语和定义

下列术语和定义适用于本标准。

3.1

蜂王浆 royal jelly

蜂皇浆 royal jelly

工蜂咽下腺和上颚腺分泌的，主要用于饲喂蜂王和蜂幼虫的乳白色、淡黄色或浅橙色浆状物质。

4　要求

4.1　感官要求

4.1.1　色泽　无论是黏浆状态还是冰冻状态，都应是乳白色、淡黄色或浅橙色，有光泽。冰冻状态时还有冰晶的光泽。

4.1.2 气味 黏浆状态时，应有类似花蜜或花粉的香味和辛香味。气味纯正，不得有发酵、酸败气味。

4.1.3 滋味和口感 黏浆状态时，有明显的酸、涩、辛辣和甜味感，上颚和咽喉有刺激感。咽下或吐出后，咽喉刺激感仍会存留一些时间。冰冻状态时，初品尝有颗粒感，逐渐消失，并出现与黏浆状态同样的口感。

4.1.4 状态 常温下或解冻后呈黏浆状，具有流动性。不应有气泡和杂质(如蜡屑等)。

4.2 等级

根据理化品质，蜂王浆分为优等品和合格品两个等级。

4.3 理化要求

产品等级和理化要求见表1。

表1 产品等级和理化要求

指标		优等品	合格品
水分/%	≤	67.5	69.0
10-羟基-2-葵烯酸/%	≥	1.8	1.4
蛋白质/%		11～16	
总糖(以葡萄糖计)/%	≤	15	
灰分/%	≤	1.5	
酸度(1 mol/L NaOH)/(ml/100 g)		30～53	
淀粉		不得检出	

4.4 安全卫生要求

应符合国家法律、法规和政府规章要求，符合国家有关标准规定的安全卫生要求。

4.5 真实性要求

不得添加或去除任何成分。

5 试验方法

如无特别说明，各方法所用试剂均为分析纯试剂，水为蒸馏水。

5.1 样品制备

采用不锈钢棒、管或勺作为取样器。将样品装入样品瓶内，充分搅拌使混合均匀，作为待测样品。每件样品应不少于 20 g。

取样后应立即试验。如不能及时试验，应在－18℃冰箱中冰冻保存。

5.2 水分

5.2.1 仪器

a)减压干燥箱；

b)称量瓶：高 25 mm，直径 35 mm；

c)分析天平：感量 0.000 1 g。

5.2.2 试验步骤 取蜂王浆试样约 0.5 g，置于已干燥至恒量的称量瓶中，精密称定，摊平，放入减压干燥箱，在温度 75℃、压力－0.095～－0.10 MPa(－730～－760 mmHg)下干燥 4 h 后取出称量瓶，置干燥器中，冷却 30 min 后称量，反复干燥直至前后两次质量差不超过 2 mg，为恒量。

5.2.3 计算

蜂王浆中水分含量按式(1)计算：

$$X_1=\frac{m_1-m_2}{m_1-m_3}\times 100 \quad\cdots\cdots\cdots\cdots\cdots\cdots\quad (1)$$

式中：X_1 为蜂王浆中水分含量，%；m_1 为称量瓶和试样的质量，单位为克(g)；m_2 为称量瓶和试样干燥至恒重后的质量，单位为克(g)；m_3 为称量瓶的质量，单位为克(g)。

5.2.4 平行试验相对偏差 平行试验相对偏差不得超过 0.8%。

5.3 10-羟基-2-癸烯酸

5.3.1 试剂 本实验所用的水为重蒸水。

a)甲醇:紫外光谱纯或在检测波长处透光率大于 30%的分析纯。

b)无水乙醇:优级纯。

c)内标物:对羟基苯甲酸甲酯,含量 99.0%。

d)10-HDA 标准品:99.0%以上。使用前应在放有硫酸的减压干燥器内减压干燥 24 h。

e)10-HDA 标准溶液:取干燥后的 10-HDA 标准品约 25 mg,精密称定,加无水乙醇溶解并移入 25 ml 容量瓶中,用无水乙醇稀释至刻度,摇匀。此溶液每毫升含 10-HDA 约 1 mg。

f)内标溶液:取已干燥过的对羟基苯甲酸甲酯约 650 mg,精密称定,加无水乙醇溶解并移入 1 000 ml 容量瓶中,用无水乙醇稀释至刻度,摇匀。此溶液每毫升含内标物约 0.65 mg。

g)盐酸(c=0.03 mol/L):量取 0.1 mol/L 盐酸溶液 100 ml,加入 200 ml 重蒸馏水中。

h)流动相 $\psi(CH_3OH + 0.03\ mol/L\ HCl + H_2O) = 55 + 10 + 35$

5.3.2 仪器

a)高压液相色谱:配置紫外检测器,记录仪或微处理机。

b)色谱柱:4.6 mm×250 mm 不锈钢柱,填充无定形硅胶 C18 键合相,5 μm 或 10 μm;

c)超声波清洗器;

d)旋涡混匀器;

e)分析天平:感量 0.000 1 g。

5.3.3 试验步骤

5.3.3.1 试样处理 样品解冻至室温后用玻璃棒搅匀,取约 0.5 g,置于已称定的 50 ml 容量瓶中,精密称定,加 0.03 mol/L 盐酸溶液 1 ml 和水 2 ml,置旋涡混匀器上混合使试样溶解,加无水乙醇 30 ml,边加入边轻轻摇动,再精密加入内标溶液 10 ml,并用无水乙醇稀释至刻度,摇匀,立即置超声波中超声 15 min,或置旋涡混匀器上震荡 15 min,取出,在 3 000 r/min 下离心 10 min 后测定。如不能及时测定,应放置冰箱中冷藏待测。

5.3.3.2　色谱条件　测定波长 210 nm;柱温度 35℃;流动相流速 1 ml/min。

5.3.3.3　校正因子测定　精密吸取 10-HDA 标准溶液 0.5,1,2,3,4,5 ml 至 10 ml 容量瓶中。精密加入内标溶液 2 ml,用无水乙醇稀释至刻度,摇匀。分别吸取此溶液 2 μl,注入色谱仪,用峰面积比值计算,应呈线性,求出校正因子 F。

5.3.3.4　试样测定　吸取试样溶液 4 μl,注入色谱仪,按"内标法"定量。

5.3.4　计算

蜂王浆中 10-羟基-2-癸烯酸含量按式(2)计算:

$$X_2 = F \times \frac{Ai}{As} \times \frac{ms}{mi} \times 100 \quad \cdots\cdots\cdots\cdots\cdots\cdots (2)$$

式中:X_2 为蜂王浆中 10-羟基-2-癸烯酸含量,%;F 为校正因子;Ai 为试样中被测组分峰面积;As 为试样中内标物峰面积;ms 为内标物质量,单位为克(g);mi 为试样质量,单位为克(g)。

5.3.5　平行试验的相对相偏差

平行试验的相对相偏差不得超过 2.0%。

5.4　蛋白质

5.4.1　试剂

a)浓硫酸(ω=95%~98%);

b)硫酸铜与硫酸钾混合剂:称取硫酸铜 1 g,硫酸钾 10 g,置于研钵中混合均匀,研细备用;

c)混合指示剂:量取甲基红乙醇溶液(ρ=1 g/L)2 份,溴甲酚绿乙醇溶液(ρ=2 g/L)3 份,混匀;

d)硼酸吸收液(ρ=20 g/L):称取硼酸 2.0 g,置于 100 ml 具塞量筒中,加乙醇 20 ml,并加蒸馏水稀释至刻度,震荡使硼酸溶解,备用；

e)氢氧化钠溶液(ρ=400 g/L)：称取氢氧化钠 40 g，加蒸馏水溶解并稀释至 100 ml；

f)稀硫酸：量取浓硫酸 5.7 ml，加蒸馏水稀释至 100 ml；

g)盐酸标准溶液(0.1 mol/L)：按 GB/T 601 配制和标定。使用前准确稀释 10 倍。

5.4.2　仪器

a)凯氏定氮法消化装置、50 ml 凯氏烧瓶(如使用远红外消解电炉则配用 50 ml 消解管加曲颈漏斗)；

b)10 ml 酸式滴定管；

c)分析天平：感量 0.000 1 g；

d)半微量法蒸馏装置(见附录 A)。

5.4.3　试验步骤

5.4.3.1　蒸馏装置的清洗　连接蒸馏装置，A 瓶中加适量蒸馏水与甲基红指示液数滴，加稀硫酸使成酸性，加玻璃或沸石数粒，从 D 漏斗加蒸馏水约 50 ml，关闭 G 夹，开放冷凝水，煮沸 A 瓶中蒸馏水。当蒸汽从冷凝管尖端冷凝而出时，移去火源，关 H 夹，使 C 瓶中的蒸馏水反冲到 B 瓶中。开 G 夹，放出 B 瓶中的蒸馏水，关 B 瓶及 G 夹。将冷凝管尖端浸入约 50 ml 蒸馏水中，使蒸馏水自冷凝管尖端反冲至 C 瓶，再冲至 B 瓶，如上法放去蒸馏水。如此将仪器洗涤 2～3 次。

5.4.3.2　消化　取蜂王浆试样约 1 g 置已称定的滤纸上，精密称定后包好，放入凯氏烧瓶或消解管中。加入硫酸铜与硫酸钾混合试剂 2 g，再沿瓶壁缓缓加入浓硫酸 10 ml，充分混合，在瓶口放一小漏斗，使烧瓶成 45°斜置，开始用较低温度缓缓加热，使溶液温度保持在沸点以下，等泡沸停止后，逐步加大电力，待消化溶液沸腾，保持此状态但不使溶液溢出，待溶液成澄明的绿色后，继续加热 30 min，放冷后转移至 100 ml 容量瓶中，用蒸馏水稀释至刻度，摇匀备用。

5.4.3.3 蒸馏 量取 20 g/L 硼酸溶液 10 ml，置 100 ml 锥形瓶中，加混合指示剂 5 滴，将冷凝管尖端浸入液面下以后，精密吸取上述消化溶液 5 ml，经由 D 漏斗移入反应管中，再加入 400 g/L 氢氧化钠溶液 10 ml，用少量蒸馏水洗 D 漏斗数次，关 G 夹，加数毫升蒸馏水于 D 漏斗中以封闭管路。加热 A 瓶(瓶中的蒸馏水应滴加稀硫酸保持酸性)，进行水蒸气蒸馏，从硼酸溶液开始由酒红色变为蓝绿色时起，继续蒸馏 10 min 后，将冷凝管尖端提出液面，使蒸汽继续冲洗 1 min，用少量蒸馏水淋洗尖端后，停止蒸馏。

5.4.3.4 滴定 将吸收液用 0.01 mol/L 盐酸标准溶液滴定至由蓝绿色变为灰紫色为终点。

5.4.4 计算

蜂王浆中蛋白质含量按式(3)计算：

$$X_3=\frac{(V_1-V_0)\times C_1\times 0.014}{m_4\times\frac{5}{100}}\times 6.25\times 100 \quad\cdots\cdots\ (3)$$

式中：X_3 为样品中蛋白质含量，以质量分数表示，%；V_1 为滴定试样时 0.01 mol/L 盐酸标准溶液消耗的体积，单位为毫升(ml)；V_0 为滴定空白时 0.01 mol/L 盐酸标准溶液消耗的体积，单位为毫升(ml)；C_1 为盐酸标准溶液的浓度，单位为摩尔每升(mol/L)；0.014 为氮的毫摩尔质量，单位为克(g)；m_4 为样品的质量，单位为克(g)；6.25 为氮换算为蛋白质的系数。

5.4.5 平行试验的相对相偏差

平行试验的相对相偏差不得超过 3.0%。

5.5 总糖

5.5.1 试剂

a)葡萄糖溶液：精密称取经 98～100℃ 干燥至恒重的纯葡萄糖(比旋光度＋52.5°～53°)1.000 g，加蒸馏水溶解后加入盐酸 5 ml，并以蒸馏水定容至1 000 ml，此溶液每毫升相当于1 mg葡萄糖。

b）碱性酒石酸铜甲液：称取硫酸铜（$CuSO_4 \cdot 5H_2O$）15 g及次甲基蓝0.05 g，加蒸馏水溶解并稀释至1 000 ml，贮存于密塞瓶中。

c）碱性酒石酸铜乙液：精密称取酒石酸钾钠50 g及氢氧化钠75 g，加蒸馏水溶解，加入亚铁氰化钾4 g，待其完全溶解后，用蒸馏水稀释至1 000 ml，贮存于密塞聚乙烯塑料瓶内。

碱性酒石酸铜溶液的标定：精密吸取酒石酸铜甲液和乙液各5 ml，置于150 ml锥形瓶中，加蒸馏水10 ml，自滴定管加葡萄糖标准溶液约9 ml，控制在2 min内加热至沸，趁沸以每2 s一滴的速度继续滴加葡萄糖标准溶液，直到溶液蓝色刚好褪去为终点。记录消耗葡萄糖标准溶液的总体积，同时平行操作三份，取其平均值，计算每10 ml（甲液、乙液各5 ml）碱性酒石酸铜溶液相当于葡萄糖的质量（mg）。

d）乙酸锌溶液（ρ=219 g/L）：称取乙酸锌21.9 g，加冰乙酸3 ml，加蒸馏水溶解并稀释至100 ml。

e）亚铁氰化钾溶液（ρ=106 g/L）。

f）浓盐酸：[ω=36%～38%]。

g）盐酸溶液（c=6 mol/L）：量取盐酸50 ml，加蒸馏水稀释至100 ml。

h）氢氧化钠溶液（ρ=200 g/L）。

i）甲基红指示液（ρ=1 g/L，乙醇溶液）。

5.5.2　仪器

a）电热恒温水浴埚：温度波动±1℃；

b）分析天平，感量0.000 1 g；或电子天平，感量0.001 g。

5.5.3　试验步骤

5.5.3.1　试样处理　精密称取蜂王浆试样约4 g，置于100 ml容量瓶中，加蒸馏水50 ml，振摇使试样溶解后缓缓加入乙酸锌溶液及亚铁氰化钾溶液各5 ml，加蒸馏水稀释至刻度，摇匀。静止

30 min 后用干燥滤纸过滤，弃去初滤液数毫升，滤液备用。

精密吸取上款滤液 50 ml，置于 100 ml 容量瓶中，加入盐酸溶液（c＝6 mol/L）10 ml，摇匀，置于电热恒温水浴锅中，在 68～70℃下水解 10 min，流水冷却至室温，加甲基红指示液 2 滴，摇匀，用氢氧化钠溶液（ρ＝200 g/L）中和至溶液呈黄色，加蒸馏水稀释至刻度，摇匀，作为试样溶液备用。

5.5.3.2　试样溶液滴定　精密吸取碱性酒石酸铜甲液和乙液各 5 ml，置于 150 ml 锥形瓶中，加蒸馏水 10 ml，控制在 2 min 加热至沸，以先快后慢的速度，从滴定管中滴加试样溶液，并保持溶液沸腾状态，待溶液颜色变浅时，以每 2 s 一滴的速度滴定，直至蓝色刚好褪去为终点，记录样液消耗体积。

5.5.4　计算

蜂王浆中总糖含量按式(4)计算：

$$X_4=\frac{T}{m_5\times\frac{V_2}{100}\times\frac{1}{2}\times 1\,000}\times 100 \qquad (4)$$

式中：X_4 为蜂王浆中总糖（以葡萄糖计）含量，以质量分数表示，%；T 为碱性酒石酸铜溶液滴定度，10 ml 碱性酒石酸铜溶液（甲液、乙液各 5 ml）相当于葡萄糖的质量，单位为毫克(mg)；m_5 为试样质量，单位为克(g)；V_2 为滴定试样溶液所消耗的体积，单位为毫升(ml)。

5.5.5　平行试验的相对相偏差

平行试验的相对相偏差不得超过 3.0%。

5.6　灰分

5.6.1　试剂

浓硫酸（ω＝95%～98%）。

5.6.2　仪器

a)分析天平：感量±0.000 1 g；

b)石英或瓷坩埚:30 ml;

c)干燥器:内置硅胶干燥剂;

d)高温炉。

5.6.3 试验步骤

5.6.3.1 按 GB/T 5009.4-2003 中 4.1 执行。

5.6.3.2 精密称量蜂王浆试样约 1.5 g,置于已灼烧至恒量的坩埚中,先用小火加热使样品充分炭化至无烟,冷却至室温,加入硫酸 0.5~1 ml,使样品湿润。低温加热除尽硫酸蒸气。置高温炉中,在 700~800℃下灼烧至无炭粒,即灰化完全。冷至 200℃以下后取出放入干燥器中冷却至室温,称量。重复灼烧至前后两次称量相差不超过 0.3 mg 为恒量。

5.6.4 计算

蜂王浆中灰分含量按式(5)计算:

$$X_5=\frac{m_6-m_7}{m_8-m_7}\times 100 \quad \cdots\cdots\cdots\cdots\cdots\cdots (5)$$

式中:X_5 为蜂王浆中灰分含量,以质量分数表示,%;m_6 为坩埚和灰分的质量,单位为克(g);m_7 为坩埚的质量,单位为克(g);m_8 为坩埚和试样的质量,单位为克(g)。

5.6.5 平行试验的相对相偏差

平行试验的相对相偏差不得超过 2.0%。

5.7 酸度

5.7.1 试剂

氢氧化钠溶液(c=0.1 mol/l):按 GB/T 601 标准配制并标定。

5.7.2 仪器

a)酸度计:pH 精度为 0.1;

b)滴定管:10 ml;

c)分析天平:感量±0.000 1 g 和感量±0.001 g。

5.7.3 试验步骤

称取蜂王浆试样 1.00 g，置于 100 ml 烧杯中，加入新煮沸并已冷却的蒸馏水 75 ml，用氢氧化钠标准溶液（c=0.1 mol/L）滴定，至酸度计指示 pH 8.3 为终点。

5.7.4 计算

滴定消耗的氢氧化钠标准溶液的毫升数与浓度值（mol/L）相乘，再乘以 100，即为试样的酸度。

5.7.5 平行试验的相对相偏差

平行试验的相对相偏差不得超过 5%。

5.8 淀粉

5.8.1 试剂

碘溶液（ρ=13 g/L）：称取碘 1.3 g、碘化钾 3.6 g，置于 200 ml 烧杯中，加蒸馏水 30 ml，再加浓盐酸 1 滴溶解后加蒸馏水至 100 ml，搅匀，置于棕色瓶中，密塞备用。

5.8.2 试验步骤

称取蜂王浆试样约 0.2 g，置于 50 ml 烧杯中，加入蒸馏水 10 ml，搅匀，加热至沸，冷却至室温后加入碘液（ρ=13 g/L）数滴，不得呈蓝色。

6 包装、标志、贮存、运输

6.1 包装

包装容器应符合安全卫生要求，包装严密、牢固。

6.2 标志

产品包装上应标明产品名称、产地、收购单位、检验员姓名、收购日期、净含量/毛重及皮重。

用作预包装食品时，其标签应符合 GB 7718 要求。

运输包装应注明产品名称、数量和运输图示标志。

6.3 贮存

贮存温度应在－18℃以下。

不同产地、不同时间生产的蜂王浆要分别存放（装瓶、装箱）。

不得与有异味、有毒、有腐蚀性和可能产生污染的物品同库存放。

6.4 运输

应低温运输，不得与有异味、有毒、有腐蚀性和可能产生污染的物品同装混运。

附录 A

（规范性附录）

蛋白质含量试验的半微量法蒸馏装置

蜂王浆中蛋白质试验的半微量法蒸馏装置见图 A.1。

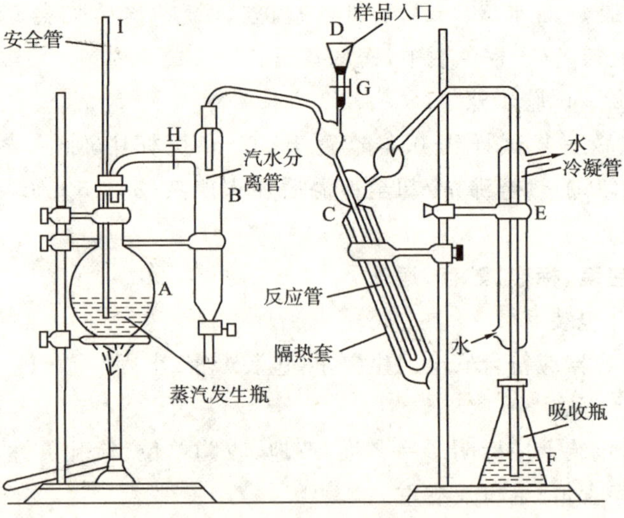

图 A.1 半微量法蒸馏装置

A. 1 000 ml 圆底烧瓶　　E. 直形冷凝管

B. 安全瓶　　F. 100 ml 锥形瓶

C. 连有氮气球的蒸馏器　　G，H. 橡皮管夹

D. 漏斗　　I. 安全管

蜂　胶

Propolis

GB/T 24283-2009

1　范围

本标准规定了蜂胶及蜂胶乙醇提取物的定义及其品质、检验方法、包装、标志、贮存、运输要求。

本标准适用于蜂胶及蜂胶乙醇提取物的加工、贸易。

2　规范性引用文件

下列文件中的条款通过本标准的引用而成为本标准的条款。凡是注日期的引用文件，其随后所有的修改单(不包括勘误的内容)或修订版均不适用于本标准，然而，鼓励根据本标准达成协议的各方研究是否可使用这些文件的最新版本。凡是不注日期的引用文件，其最新版本适用于本标准。

GB/T 191 包装储运图示标志

3　术语和定义

下列术语和定义适用于本标准。

3.1　**蜂胶** propolis

工蜂采集植物树脂等分泌物与其上颚腺、蜡腺等分泌物混合形成的胶黏性物质。

3.2　**蜂胶乙醇提取物** ethanol extracted propolis

乙醇萃取蜂胶后得到的物质。

3.3　**总黄酮** total flavonoids

黄酮类物质含量的总和。

4　要求

4.1　感官要求

4.1.1　蜂胶的感官要求应符合表1的规定。

表 1　　蜂胶的感官要求

项目	特　征
色泽	棕黄色、棕红色、褐色、黄褐色、灰褐色、青绿色、灰黑色等，有光泽
状态	团块或碎渣状、不透明，30℃以上随温度升高逐渐变软，且有黏性
气味	有蜂胶所特有的芳香气味，燃烧时有树脂乳香气，无异味
滋味	微苦，略涩，有微麻感和辛辣感

4.1.2　蜂胶乙醇提取物的感官要求应符合表 2 的规定。

表 2　　蜂胶乙醇提取物的感官要求

项目	特　征
结构	断面结构紧密
色泽	棕色、褐色、黑褐色，有光泽
状态	固体状，30℃以上随温度升高逐渐变软，且有黏性
气味	有蜂胶所特有的芳香气味，燃烧时有树脂乳香气，无异味
滋味	微苦，略涩，有微麻感和辛辣感

4.2　理化要求

蜂胶及蜂胶乙醇提取物的理化要求应符合表 3 的规定。

表 3　　蜂胶及蜂胶乙醇提取物的理化要求

项　目		蜂　胶		蜂胶乙醇提取物	
		一级品	二级品	一级品	二级品
乙醇提取物含量/(g/100 g)	≥	60	40	95	
总黄酮/(g/100 g)	≥	15	8	20	17
氧化时间/s	≤	22			

4.3 真实性要求

不应加入任何树脂和其他矿物、生物或其提取物质。

非蜜蜂采集，人工加工而成的任何树脂胶状物不应称之为“蜂胶”。

4.4 特殊限制要求

应采用符合卫生要求的采胶器等采集蜂胶，不应在蜂箱内用铁纱网采集蜂胶；

不应高温加热、暴晒。

5 试验方法

5.1 取样方法

从被检样品的不同部位均匀取样，每批取样总量不超过300g。

5.2 感官要求的检验

5.2.1 蜂胶感官要求的检验

5.2.1.1 色泽、状态 在自然光线良好的条件下，观察样品外表色泽。取少许上述样品混匀后，加热至35℃左右，用手揉搓成条，再慢慢向两端拉伸。含胶量越大，黏性越大，拉伸长度越长。

5.2.1.2 气味、滋味 取少许样品，嗅其气味是否有蜂胶特有的明显芳香气味，再点燃，嗅其气味是否异常；口尝其滋味。

5.2.2 蜂胶乙醇提取物感官要求的检验

5.2.2.1 结构 将蜂胶乙醇提取物样品放在15℃以下2～3 h，用锤砸开，观察其断面。

5.2.2.2 色泽、状态 按5.2.2.1规定的方法检验。

5.2.2.3 气味、滋味 按5.2.1.2 规定的方法检验。

5.3 理化要求的检验

5.3.1 样品制备

按5.1取样的样品放入10℃以下的冰箱中1 h后，将其粉碎，从中取样100 g备检。

5.3.2 乙醇提取物含量

5.3.2.1 原理 称量乙醇不溶物质量，用减量法计算其占样品质量的百分比。

5.3.2.2　试剂和材料

a)乙醇:分析纯(≥95%)

b)定量滤纸 φ12.5 cm。

5.3.2.3　仪器

a)天平(感量 0.001 g);

b)100 ml 烧杯;

c)电热鼓风干燥箱;

d)超声波仪;

e)玻璃漏斗 φ60 mm;

f)玻璃棒;

g)250 ml 锥形瓶;

h)称量瓶 70×35 mm;

i)干燥皿。

5.3.2.4　步骤　称取经过粉碎处理的蜂胶样品 5 g(称准至 0.001 g),置于100 ml 烧杯中,加适量 95% 乙醇,放入超声波仪中超声,使样品溶解,将上清液倒入事先干燥称重过的滤纸及玻璃漏斗过滤到锥形瓶中,反复数次,直至完全溶解,再用少量乙醇洗涤 100 ml 烧杯及滤纸两次。然后将残渣及滤纸与玻璃漏斗在 50℃下干燥至恒重。在相同条件下作平行试验。

5.3.2.5　计算　按式(1)计算:

$$X_1=\frac{m_1-m_2}{m_1}\times 100 \quad \cdots\cdots\cdots\cdots\cdots\cdots \quad (1)$$

式中:X_1 为样品中乙醇提取物含量,%;m_1 为样品质量,单位为克(g);m_2 为残渣质量,单位为克(g)。

平行试验允许误差不超过 1.5%,取 3 次测定的平均值。

5.3.3　总黄酮含量

5.3.3.1　试剂和材料

a)聚酰胺粉(≥100 目);

b)芦丁标准溶液：取 5.0 mg 芦丁(≥99%)，加甲醇溶解并定容至 100 ml，即得 50 μg/ml；

c)乙醇：分析纯(≥95%)；

d)甲醇：分析纯(≥95%)。

5.3.3.2 仪器

a)紫外—可见分光光度计；

b)层析柱：350 mm(长)×15 mm(内径)，具活塞、砂芯、抽气嘴、圆底烧杯，见图 1；

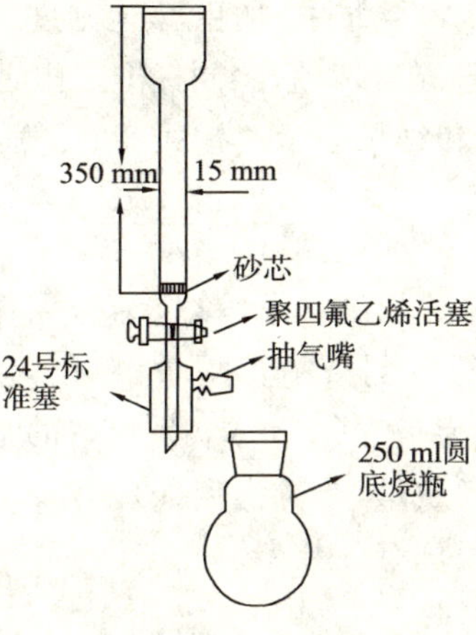

图 1 层析柱示意图

c)容量瓶：10 ml；

d)移液器：100～1 000 μl；

e)移液管：1～5 ml；

f)玻璃蒸发皿：90 mm。

5.3.3.3 步骤

a)试样处理：称取经过粉碎处理的蜂胶样品 1 g，或蜂胶乙醇提取物 0.5 g 于容量瓶中，用乙醇定容至 100 ml，摇匀后，超声提取 20 min，放置，用移液管吸取上清液 1 ml 于玻璃蒸发皿中，加入 5 ml乙醇及 1 g 聚酰胺粉，用玻璃棒混匀吸附，于 60℃水浴上挥去乙醇，然后转入关闭活塞的层析柱中。量取 20 ml 苯液，清洗玻璃蒸发皿再将苯液转入层析柱中，分 3 次完成。15 min 后开启层析柱活塞，弃去苯液并关闭层析柱活塞，取下圆底烧瓶，将 25 ml 容量瓶装于层析柱下方。量取 20 ml 甲醇，分 3 次清洗玻璃蒸发皿，再将甲醇转入层析柱中，15 min 后开启层析柱活塞将黄酮洗脱于 25 ml 容量瓶中，用甲醇定容至 25 ml。此液置 1 cm 比色皿中于波长 360 nm 测定吸收值。同时以芦丁为标准品，用标准曲线法定量。

b）芦丁标准曲线：分别吸取芦丁标准溶液 0、1.0、2.0、3.0、4.0、5.0 ml 于 10 ml 容量瓶中，加甲醇至刻度，摇匀，置 1 cm 比色皿中于波长 360 nm 测定吸收值，绘制标准工作曲线，计算回归方程。

5.3.3.4　计算和结果表示　按式（2）计算：

$$X_2 = \frac{A \times V_2 \times 100}{V_1 \times m_3 \times 1\,000} \qquad (2)$$

式中：X_2 为试样中总黄酮的含量，单位为毫克每百克（mg/100 g）；A 为由标准曲线算得被测液中黄酮量，单位为微克（μg）；V_2 为试样定容总体积，单位为毫升（ml）；V_1 为吸取的上清液体积，单位为毫升（ml）；m_3 为试样质量，单位为克（g）。

计算结果保留两位有效数字。

5.3.4　氧化时间

5.3.4.1　原理　通常用高锰酸钾紫红色溶液消退的时间来表示蜂胶中还原性物质的含量。

5.3.4.2　试剂和材料

a）乙醇：分析纯（95%以上）；

b）高锰酸钾标准溶液：精确称取 1.580 g 高锰酸钾（分析纯≥95%），用水稀释至 1 000 ml，配制成 0.01 mol/L 的高锰酸钾溶液；

c）硫酸：分析纯（95%～98%），配制成 20%硫酸液；

d）蒸馏水。

5.3.4.3　仪器

a）天平（感量 0.001 g）；

b)振荡器;

c)秒表;

d)250 ml 具塞磨口锥形瓶;

e)50 ml、100 ml、1 000 ml 容量瓶;

f)50 ml 锥形瓶;

g)0.2 ml、1.0 ml、2.0 ml、5.0 ml、10.0 ml 移液管;

h)漏斗、定量滤纸;

i)250 ml 微量移液管。

5.3.4.4 步骤

a)在室温下称取 1 g(精确到 0.001 g)样品,置于 250 ml 具塞锥形瓶中,加入 25 ml 乙醇,盖好瓶塞,于振荡器上低速振荡 1 h,然后加入 100 ml 蒸馏水,充分摇匀后,过滤,收集滤液。

b)用移液管吸取 0.5 ml 上述滤液放入 50 ml 容量瓶中,用蒸馏水稀释至刻度并混匀。

c)用移液管吸取 10 ml 稀释液于 50 ml 锥形瓶中,加入 2.0 ml 20%硫酸,振荡 1min,然后用 200 ml 微量移液器加入 0.05～0.01 mol/L 高锰酸钾溶液,在加入高锰酸钾溶液的同时,开动秒表振荡,当溶液的紫红色完全消退时,停止秒表,记录溶液的紫红色完全消退所耗用的时间(以“s”计),即是该样品的氧化时间。每个样品平行测定 3 次,取算术平均值作为该样品的测定值。

6 包装

6.1 应采用符合国家食品安全卫生要求的材料包装。蜂胶乙醇提取物应定量包装。包装场地应符合食品安全卫生要求。包装应严密、牢固,便于装卸、贮存和运输。

6.2 应按等级分别包装。

7 标志

7.1 包装上应标明产品名称、等级、数量、生产者的名称、地址和生产日期。

7.2 图示标志应符合 GB/T 191 的规定。

8 贮存

8.1 贮存场所应清洁卫生、干燥、阴凉、通风，不应与有毒、有害、有异味、有腐蚀性、有放射性和可能发生污染的物品同场所贮存。

8.2 产品应按等级、规格分别存放。

9 运输

9.1 运输工具应清洁卫生。

9.2 不应与有毒、有害、有异味、易污染的物品混装运输。

9.3 防高温、暴晒、雨淋。

蜂花粉

Bee pollen

GB/T 30359-2013

本标准最初于1989年发布，后调整为行业标准(GH/T 1014-1999)。现重新修订为国家标准。

本标准与GB/T 11758-1989《蜂花粉》相比主要变化如下：

修订了标准的适用范围，术语、定义；

蜂花粉的质量等级由三个等级改为两个等级；

删除了过氧化氢酶、维生素C指标；

理化指标中增加脂肪、总糖、黄酮类化合物、酸度、过氧化值指标；

修订了蛋白质、水分、灰分、单一品种花粉率的检测方法；

修订了附录A、附录B，增加了资料性附录C①；

本标准的附录A、B是规范性附录，附录C是资料性附录。

本标准由中华全国供销合作总社提出并归口。

本标准起草单位：杭州澳医保灵药业有限公司、国家轻工业食品质量监督检测杭州站。

---

①附录A、附录B、附录C略，请参阅GB/T 30359-2013。

本标准主要起草人：胡晓岚、虞英民、陈青俊、安然、赵志良、朱金梁、徐承志、楼晓燕。

本标准所代替的历次版本发布情况为：

GB/T 11758-89(1999年调整为GH/T 1014-1999)

1 范围

本标准规定了蜂花粉的定义、要求、等级、试验方法、包装、标志、储存、运输要求。

本标准适用于工蜂采集形成的团粒(颗粒)状蜂花粉或碎蜂花粉，不适用于破壁蜂花粉及以蜂花粉为原料加工成的产品。

2 规范性引用文件

下列文件对于本文件的应用是必不可少的。凡是注日期的引用文件，仅所注日期的版本适用于本文件。凡是不注日期的引用文件，其最新版本(包括所有的修改单)适用于本文件。

GB/T 191 包装储运图标标志

GB 5009.3 食品安全国家标准 食品中水分的测定

GB 5009.4 食品安全国家标准 食品中灰分的测定

GB 5009.5 食品安全国家标准 食品中蛋白质的测定

GB/T 5009.6 食品中脂肪的测定

GB/T 5009.7 食品中还原糖的测定

GB/T 5009.8 食品中蔗糖的测定

GB/T 5009.37 食用植物油卫生标准的分析方法

GB 7718 食品安全国家标准 预包装食品标签通则

GB 16326 坚果食品卫生标准

3 术语和定义

下列术语和定义适用于本文件。

3.1 花粉 pollen

雄配子体 gametophyte

由一个营养细胞和一个至两个生殖细胞组成的显花植物的雄

性种质。

3.2 **花粉壁 pollen wall**

由纤维素和孢粉素构成的花粉(3.1)外壳。

3.3 **蜂花粉 Bee pollen**

工蜂采集花粉(3.1),用唾液和花蜜混合后形成的物质。

3.4 **单一品种蜂花粉 monofloral bee pollen**

工蜂采集一种植物的花粉(3.1)形成的蜂花粉(3.3)。

3.5 **杂花粉 multifloral bee pollen**

工蜂采集两种以上植物的花粉(3.1)形成的蜂花粉(3.3),或两种以上单一品种蜂花粉的混合物。

3.6 **破壁蜂花粉 bee pollen of breaking wall**

经加工,花粉(3.1)壁被打破的蜂花粉(3.3)。

3.7 **碎蜂花粉 bee pollen debris**

蜂花粉团粒(3.3)破碎后形成的蜂花粉粉末。

3.8 **工蜂 Worker**

在蜂群内担当采集、守卫、清理、哺育等内外勤工作的生殖器官发育不完全的雌性蜜蜂。

4 技术要求

4.1 感官要求

感官要求应符合表1的规定。

表1 蜂花粉的感官要求

项目	要求	
	团粒(颗粒)状蜂花粉	碎蜂花粉
色泽	呈各种蜂花粉各自固有的色泽,单一品种蜂花粉色泽见附录A状态	
状态	不规则的扁圆形团粒(颗粒),无明显的沙粒、细土,无正常视力可见外来杂质,无虫蛀、无霉变	能全部通过20目筛的粉末,无明显的沙粒、细土,无正常视力可见外来杂质,无虫蛀、无霉变
气味	具有该品种蜂花粉特有的清香气,无异味	
滋味	具有该品种蜂花粉特有的滋味,无异味	

4.2 理化要求

产品等级和理化要求符合表2要求。

表2　　蜂花粉的等级和理化指标

项目		指标	
		一等品	二等品
水分 g/100 g	≤	8	10
碎蜂花粉率 g/100 g	≤	3	5
单一品种蜂花粉的花粉率要求 g/100 g	≥	90	85
蛋白质 g/100g	≥	15	
脂肪 g/100g		1.5～10.0	
总糖(以还原糖计)g/100g		15～50	
黄酮类化合物(以无水芦丁计)(mg/100g)	≥	400	
灰分 g/100 g	≤	5	
酸度(以 pH 表示)	≥	4.4	
过氧化值(以脂肪计)g/100 g	≤	0.08	

注:如果是碎蜂花粉,则碎蜂花粉率不作要求。

4.3 单一品种蜂花粉定性鉴别

单一品种蜂花粉定性鉴别应符合附录A的要求。

4.4 安全卫生要求

应符合国家相关法律、法规、规章、标准规定。

5 试验方法

5.1 感官指标检验

5.1.1 色泽、状态:将样品置于洁净的白瓷盘中,在自然光下用肉眼观察。

5.1.2 气味:鼻嗅。

5.1.3　滋味：口尝。

5.2　理化指标检验

5.2.1　水分测定

按 GB 5009.3 规定的第二法执行。

5.2.2　碎蜂花粉率测定

用天平称取试样约 50 g，精确到 0.1 g，用 20 目筛筛出碎粒及碎粉末并称重。按式(1)计算。

$$碎蜂花粉率(\%)=\frac{筛出的碎蜂花粉粉末质量}{试样质量}\times 100\% \quad \cdots\cdots (1)$$

5.2.3　蛋白质测定

按 GB 5009.5 规定的方法执行。

5.2.4　黄酮类化合物的测定

按附录 B 规定的方法执行。

5.2.5　灰分测定

按 GB 5009.4 规定的方法执行。

5.2.6　脂肪测定

按 GB/T 5009.6 规定的第二法执行。

5.2.7　总糖测定

样品按 GB/T 5009.8 中的盐酸水解处理后，再按 GB/T 5009.7 规定的第一法执行。

5.2.8　单一品种蜂花粉的花粉率测定

5.2.8.1　第一法

按附录 A 中的 A.2 处理样品，以 100 倍或 400 倍光学显微镜下镜检，如发现涂片中花粉细胞重叠，则重新涂片，每视野中花粉细胞总数在 30～100 范围为宜，调节显微镜的光线和焦距，使花粉细胞清晰，选取 5 个视野区域并对视野内的所有的花粉细胞进行计数，5 个视野中某一品种的花粉数的总数与 5 个视野中所有的花粉数的总数之比即为单一品种的蜂花粉的花粉率。平行试验应重新涂片检测，两次平行试验的相对误差应不大于10%。

5.2.8.2　第二法

称取试样1～3 g，拣出其中该品种蜂花粉团粒，分别称量，按式(2)计算。

$$\text{单一品种蜂花粉率}(\%)=\frac{\text{该品种蜂花粉团粒数重量}}{\text{试样蜂花粉团粒总数重量}}\times 100\% \quad \cdots\cdots (2)$$

5.2.9　酸度的测定

取花粉20 g，加入5倍量的纯化水，75℃水浴提取1.5 h待冷却，滤过，离心20 min，取上清液，然后按仪器操作说明书进行测量，并记录其pH，精确至0.02，pH的结果以两次测量的平均值表示。

5.2.10　过氧化值的测定

样品的前处理按照GB 16326(坚果食品卫生标准)中的9.1，然后按GB/T 5009.37中的4.2中的第一法测定。

5.3　单一品种蜂花粉的定性鉴别：按附录A。

6　包装、标志、贮存、运输

6.1　包装

用于食用的蜂花粉包装材料应符合食品安全要求，包装容器牢固、严密、整洁、无破损、无泄漏。

6.2　标志

6.2.1　包装物或者标识上应当按照规定标明产品的品名、净含量、产地、生产者(加工者或包装者)或经营单位、生产日期、保质期、产品质量等级、单一品种需注明粉源植物等内容。

6.2.2　预包装食品标签应符合GB 7718的要求，运输包装应符合GB/T 191的规定。

6.3　贮存

6.3.1　用真空充氮包装，在常温下保存。其他包装的应在－5℃以下保存。

6.3.2　短期临时存放，应经过干燥和密闭处理后存于阴凉干燥处。

6.3.3　不同产地、花种、等级或不同季节采集的产品应分别贮存。

6.3.4　贮存场所应清洁卫生，防高温、防风雨、远离污染源。

6.3.5　不得与有毒、有害、有腐蚀性、有异味、易挥发的物品同场所贮存。

6.4　运输

6.4.1　运输工具应清洁卫生。运输过程中，要避免高温，防风沙、放暴晒、防雨淋、防湿。

6.4.2　轻装轻卸，不得与有毒、有害、有异味、易污染的物品同装混运。

三、蜜蜂授粉规程

农业部关于加快蜜蜂授粉技术推广促进养蜂业持续健康发展的意见

各省、自治区、直辖市及计划单列市农业(农牧、畜牧兽医)厅(局、委、办),新疆生产建设兵团农业局,黑龙江农垦总局:

我国是世界养蜂大国,蜂群数量和蜂产品产量多年来一直稳居世界首位。养蜂业发展对于满足蜂产品市场需求、促进农民增收、提高农作物产量和维护生态平衡做出了重要贡献。但我国养蜂业可持续发展的根基还不稳固,标准化规模生产水平不高,组织化程度很低,一些蜂农的合法权益得不到保障,特别是蜜蜂授粉促进农作物增产观念还没有深入人心,养蜂对农作物增产应有的功效远未发挥,与世界养蜂业发达国家尚有较大的差距。为深入贯彻落实科学发展观,进一步转变养蜂业发展方式,着力强化蜜蜂授粉的产业功能,夯实产业发展基础,提高综合效益,保障蜂产品质量安全,推动养蜂业持续健康发展,提出如下意见:

一、深刻认识养蜂业的重要地位和作用

养蜂业是现代农业的重要组成部分,是维持生态平衡不可缺少的链环,是一项利国利民的事业。发展养蜂业,不仅能够提供大量营养丰富、滋补保健的蜂产品,增加农民收入,促进人民身体健康,而且对提高农作物产量、改善产品品质和维护生态平衡具有十分重要的作用。

(一)发展养蜂业是促进农作物增产的重要手段。实践证明,利用蜜蜂授粉可使水稻增产5%，棉花增产12%，油菜增产18%，部分果蔬作物产量成倍增长，同时还能有效提高农产品的品质，并将大幅减少化学坐果激素的使用。蜜蜂授粉是一项很好的农业增产提质措施，每年我国蜜蜂授粉促进农作物增产产值超过500亿元。按蜜蜂为水果、设施蔬菜授粉率提高到30%测算，全国新增经济效益可达160多亿元，蜜蜂为农作物授粉增产的潜力很大。

（二）发展养蜂业是增加农民收入的有效途径。2008年全国蜂群数量820万群，蜂蜜产量超过40万t，养蜂业总产值达40多亿元。发展养蜂不与种植业争地、争肥、争水，也不与养殖业争饲料，具有投资小、见效快、用工省、无污染、回报率高的特点，按照一个家庭蜂场饲养100群蜂，正常年份每群蜂纯收入300元计算，每户养蜂年收益可达3万元，带动农民增收效果显著。充分挖掘养蜂业的自身优势，推进标准化、规模化饲养，有助于促进农民持续增收。

（三）发展养蜂业是满足蜂产品市场需求的重要保障。2008年全国人均蜂产品消费量仅0.3 kg，部分城市居民和大多数农村居民基本上还没有消费蜂产品。随着人民生活水平的提高和对蜂产品保健功效认识的不断加深，蜂产品消费量将持续增长，对蜂产品质量安全要求也越来越高。只有推动养蜂业持续健康发展，加大政策扶持和生产监管力度，才能稳步增加蜂产品产量，丰富蜂产品花色品种，提升蜂产品质量安全水平，满足日益增长的市场消费需求。

（四）发展养蜂业是保护生态环境的重要举措。蜜蜂授粉对于保护植物的多样性和改善生态环境有着不可替代的重要作用。世界上已知有16万种由昆虫授粉的显花植物，其中依靠蜜蜂授粉的占85%。蜜蜂授粉能够帮助植物顺利繁育，增加种子数量和活力，从而修复植被，改善生态环境。受经济发展和自然环境变化的影响，自然界中野生授粉昆虫数量大量减少，蜜蜂授粉对保护生态环境的重要作用更加凸显。

二、明确促进养蜂业发展的指导思想、原则和目标

（一）指导思想

全面贯彻落实科学发展观，坚持发展养蜂生产和推进农作物授粉并举，加快推动蜜蜂授粉产业发展；以市场为导向，加强扶持，着力改善养蜂业发展的内外部环境；转变养蜂业生产方式，大力推进养蜂业标准化、规模化、优质化和产业化建设，稳步提高蜂产品质量安全水平，积极促进农业增效和农民增收，努力实现养蜂业持续稳定健康发展。

（二）基本原则

坚持统筹协调，统筹国内、国际两个市场，推动发展养蜂生产和促进农业增产、保护生态的良性互动，强化养蜂为农作物授粉增产的功能。坚持市场导向，充分发挥市场机制配制资源的基础性作用；加大政策扶持，强化行业发展的指导与管理，健全相关法规与标准，营造养蜂业发展良好的外部环境。坚持质量至上，推广先进适用饲养技术，严格兽药等投入品使用监督管理，落实各环节的质量责任制度，提高蜂产品质量安全水平。

（三）发展目标

到2015年，全国养蜂数量达到1 000万群，全国蜂产品产量达到50万t；蜜蜂为农作物授粉增产的配套技术得到普及，形成一批专业化的授粉蜂场，初步实现蜜蜂授粉产业化；生产方式转变取得显著进展，规模化养蜂场（户）和专业合作组织饲养比重由目前的不足40%提高到70%，生产设施化和蜂产品质量安全水平大幅提高，产业化加快发展，养蜂业可持续发展能力进一步增强。

三、普及推广蜜蜂授粉促进农作物增产技术

（一）强化蜜蜂授粉的科学研究。支持开展授粉蜜蜂饲养管理技术、蜂种培育、病虫害防治、授粉机具等方面的研究。加大蜜蜂授粉的生态效应评价和对农作物增产的机理研究力度，挖掘对主要粮食和经济作物的增产潜力。

（二）大力推广普及蜜蜂授粉技术。选择油菜、棉花、苹果、向日葵、草莓、西瓜、柑橘、枣等蜜蜂授粉增产提质作用明显的农作物品种，推广蜜蜂授粉技术。加强蜜蜂授粉技术的集成与示范，在蜜蜂授粉主要区域，将蜜蜂授粉技术列入农技推广示范的主推技术，加快普及应用步伐。建设一批蜜蜂授粉示范基地，普及授粉蜜蜂饲养技术，探索建立蜜蜂有偿授粉机制。

（三）加快普及绿色植保技术。制定并实施农作物花期农药使用规范，最大限度地减少蜜蜂农药中毒现象的发生。在蜜蜂放养区域特别是授粉关键季节，改进传统的农作物病虫害防控方式，尽量避免花期喷施农药，加大生物防治、生态控制、安全用药等绿色植保技术的推广普及力度，通过对农药的减量替代和使用控制，减轻其对蜜蜂的伤害。

（四）加大蜜蜂授粉技术的宣传。大力宣传蜜蜂授粉对农作物增产和促进生态农业发展的意义与作用，大力宣传各地推行蜜蜂授粉的成功经验和典型事例，使蜜蜂授粉技术的经济和生态效益为社会所认同，营造推广蜜蜂授粉技术的良好社会氛围。

四、推动蜂产品生产健康发展

（一）优化养蜂业区域布局。要根据区域蜜源植物、蜜蜂饲养、蜂产品加工等条件，明确区域功能定位，充分发挥资源优势，形成各具特色的养蜂业发展区域。东中部地区要利用资金、技术优势，加大科研推广力度，建立一批蜂产品标准化生产基地和优质蜂产品出口生产基地。西部地区要充分发挥蜜源植物丰富的区位优势，增加蜜蜂饲养数量，提高规模化水平，发展特色蜂产品。

（二）完善蜜蜂良种繁育体系。通过畜禽良种工程等项目，加大蜜蜂良种繁育体系建设的扶持力度，建设蜜蜂育种中心和一批蜜蜂资源场、种蜂场、基因库，满足蜜蜂资源保护以及生产发展的需要。保护和利用好中华蜜蜂资源，严格蜜蜂资源进出口管理。加强省级以上蜜蜂遗传资源保护区、保种场的管理，禁止外来蜂场进入放蜂。加快蜂种种质监督检验测试站建设，强化种蜂质量检测能力。建设蜜蜂良种数据库和信息交流平台，收集、分析、发布全国优良蜂种信息，鼓励推广优良种蜂。

（三）转变养蜂生产方式。制定推广蜜蜂饲养管理相关标准，积极推广规模化、养强群，生产成熟蜜的先进技术。支持建设一批规模化成熟蜜、蜂王浆等优质蜂产品的生产示范基地，建立养蜂日志，健全养殖档案，规范兽药等投入品的使用，实行质量可追溯体系，提高蜂产品质量安全水平。积极推行定地结合小转地放蜂。引导转地放蜂蜂场科学利用蜜源场地，蜂场之间保持适当的距离。鼓励企业、行业协会（学会）、科研院所和大专院校加大养蜂生产技术推广力度，重点对基地、蜂农合作社、大型养蜂场生产人员的培训。

（四）做好蜜蜂疫病防控。强化蜜蜂疫病防控工作，做到种蜂无主要疫病，从源头上提高蜜蜂健康水平。研制推广一批安全有效、低残留的抗菌类蜂用兽药。进一步加强蜂用兽药生产、销售、使用等管理。严禁在蜜蜂巢础生产过程中添加任何药物。研究推广蜂病现场快速诊断技术，提高蜜蜂疾病的诊断准确率。规范蜜蜂检疫行为。强化蜂场日常卫生和蜂群保健，加强蜜蜂蜂螨、白垩病、孢子虫病等危害严重疫病的防控。

（五）构建质量检测和标准体系。继续加强部级和区域蜂产品质量监督检验测试中心建设，完善质量检测体系运行机制，提高检测能力。鼓励加工企业和合作组织加强蜂产品质量检测能力建设。开展蜂产品质量安全监控与风险评估，实施例行检测、应急检测和风险评估，及时把握我国蜂产品质量安全现状。修订蜜蜂饲养、蜂病防治、蜂产品生产、蜂产品质量与检测、蜜蜂授粉等标准，建立健全蜂业标准体系。

五、加强对养蜂业发展的组织领导

（一）强化对养蜂业发展的指导和管理。各级农牧部门要把促进养蜂业生产发展列入重要的议事日程，制定养蜂业发展规划，健全工作机制，认真组织实施。要加强行业监管，充实养蜂管理人员队伍，重点养蜂区域要有专门人员负责（其他地区要有兼职人员负责），做到层层有人抓、有制度管、有经费推，及时处理养蜂业发展中遇到的突出问题。要密切关注养蜂业发展过程中出现的新情况、新问题，及时采取应对措施，推进养蜂业持续健康发展。

（二）切实保护蜂农的合法权益。指导和培育养蜂专业合作组织，充分发挥其开展饲养管理技术培训、推进产销衔接、维护蜂农合法权益、加强行业自律等方面的重要作用。逐步推行蜂产品优质优价，完善企业与养殖者的利益联结机制。在转地放蜂集中地区，会同有关部门，妥善解决治安、收费、蜂产品销售、蜜蜂农药中毒、人蜂安全等问题，切实保护蜂农的权益。积极支持建立养蜂业风险救助金制度，不断增强蜂农抵御风险灾害能力。

（三）加强多部门协调配合。养蜂业的发展需要多部门加强配合、形成合力。坚持蜂产品生产与农作物授粉相结合，大力推广蜜蜂饲养技术、授粉技术，加大蜜源植物的保护和利用力度。各级农业、畜牧兽医等相关部门要密切配合、通力合作，发挥各自优势和作用，联合科研院所、大专院校、行业协会（学会）和企业等方面力量，共同促进养蜂业持续健康发展。

2010 年 2 月 26 日

农业部办公厅关于印发《蜜蜂授粉技术规程（试行）》的通知

各省、自治区、直辖市及计划单列市农业（农牧、畜牧兽医）厅（局、委、办），新疆生产建设兵团农业局，黑龙江农垦总局：

使用蜜蜂为农作物授粉技术是一项行之有效的农业增产提质措施。为进一步推广蜜蜂授粉技术，转变养蜂业生产方式，提高农作物产量和品质，农业部组织制定了《蜜蜂授粉技术规程（试行）》。现印发给你们，请各地结合生产实际，参照执行，并及时向农业部畜牧业司和种植业司反馈执行过程中遇到的实际问题。

2010 年 2 月 21 日

蜜蜂授粉技术规程（试行）

蜜蜂是开花植物的主要授粉昆虫。蜜蜂授粉是指以蜜蜂为媒介传播花粉，使植物实现授粉受精的过程。蜜蜂授粉技术是农业生产的重要配套措施之一。本规程规定了有关授粉蜂群的准备、大田作物授粉技术和设施作物授粉技术的操作程序和管理要求等。

1　授粉蜂群的准备

1.1　蜂种

1.1.1　蜜蜂

主要为意大利蜜蜂和中华蜜蜂，适合为果树、蔬菜、油料、瓜类、牧草等植物授粉。

1.1.2　熊蜂

主要有小峰熊蜂、密林熊蜂、红光熊蜂、明亮熊蜂和欧洲熊蜂等，适合为茄果类蔬菜、瓜类和果树类等设施作物授粉。

1.1.3　切叶蜂

主要有苜蓿切叶蜂，适合为苜蓿等牧草类作物授粉。

1.1.4　壁蜂

主要有凹唇壁蜂等，适合为早春果树授粉。

1.2　蜂群获得

1.2.1　租赁

种植园(户)与养蜂场(或授粉公司)签订授粉租赁合同，租赁蜂群进行授粉活动。租赁合同中应明确付款方式、授粉蜂群的数量和质量、蜂群进场时间、种植园(户)的饲喂方法和用药管理等事项，以维护双方权益。

1.2.2　购买

种植园(户)购买蜂群自行授粉时，应挑选性情温顺、采集力强、蜂王健壮、无白垩病、蜂螨和爬蜂等病症的强群。

1.3　运输

运输蜂群时，要注意如下事项：

汽车等运输工具清洁无农药污染；

蜂群饲料充足，长距离运蜂在装车前 2 h，每个蜂群加 1 张水脾；

固定巢脾及蜂箱，防止运输过程中挤压蜜蜂；

调整好巢门方向(关门运蜂方式巢门朝前，开门运蜂方式巢门横向朝外)；

合理安排运蜂时间，开巢门运蜂，应在傍晚蜜蜂归巢后进行起运；关巢门运蜂，装车后立即起运。运蜂车应在夜晚行驶，宜在第 2 天中午前到达，并及时卸下蜂群。长途运输第 2 天不能到达时，应在上午 10 点以前把蜂车停在阴凉处，停车(或卸车)放蜂，傍晚再继续运输。

2 大田作物蜜蜂授粉技术

2.1 蜂群配置

2.1.1 进场时间

根据不同植物的流蜜情况，具体决定蜂群进场时间。对于荔枝、龙眼、向日葵、荞麦、油菜等蜜粉丰富的植物，可提前2天把蜜蜂运到场地；对于梨树等泌蜜量少的植物，应等植株开花25%左右时再把蜂群运到场地；对于紫花苜蓿，可在开花10%左右时运进一半的授粉蜂群，7天后再运进另一半；桃、杏、甜樱桃等花期较短的植物则应在初花期就把蜂群送到授粉场地。

2.1.2 蜂群数量

蜂群数量取决于蜂群的群势、授粉作物的面积与布局、植株花朵数量和长势等。一个15框蜂的蜜蜂强群可承担连片分布的授粉作物的面积如下：油菜3～6亩、荞麦6～9亩、向日葵10～15亩、棉花10～15亩、紫云英3～5亩、苕子3～5亩、牧草类6～8亩、瓜果蔬菜类7～10亩、果树类5～6亩。在早春时，因蜂群正处于繁殖阶段，群势相对较弱，每群蜂所能承担授粉的面积相对较小，应适当增加授粉蜂群数量。

2.1.3 蜂群摆放

授粉蜜蜂进入场地后，蜂群摆放应遵循如下原则：如果授粉作物面积不大，蜂群可布置在田地的任何一边；如果面积在700亩以上，或地块长度达2 km以上，则应将蜂群布置在地块的中央，减少蜜蜂飞行半径。授粉蜂群一般以10～20群为一组，分组摆放，并使相邻组的蜜蜂采集范围相互重叠。

2.2 蜂群管理

2.2.1 早春保温

早春气温低，蜂群群势弱，放蜂地应选在避风向阳处，采取蜂多于脾和增加保温物的方法来加强保温。

2.2.2 保持强群

给早春油菜、梨、苹果等植物授粉时，要组织强群，以便在较低温度下可以正常开展授粉活动。

2.2.3 及时采收花粉

对花粉丰富的植物，应及时采收花粉，提高蜜蜂访花的积极性。

2.2.4 蜂群饲喂

蜜蜂授粉期间主要饲喂花粉、糖浆和水，饲喂种类和数量应视授粉作物蜜粉的情况而定。对于油菜、芝麻、柑橘、荔枝、龙眼、荞麦、向日葵、棉花、西瓜、杏、梨、苹果、枇杷、山楂以及牧草等蜜粉较为丰富的作物，在蜜蜂授粉期间，保证干净的饮水供应即可；对于枣树等少数缺粉的作物，应饲喂花粉，以补充蛋白质饲料；对玉米、水稻等有粉无蜜的作物，则应适当饲喂糖浆(糖水比约为2∶1)。

2.2.5 训练蜜蜂积极授粉

针对蜜蜂不爱采访某种作物的习性，或为加强蜜蜂对某种授粉作物采集的专一性，在初花期至花末期，每天用浸泡过该种作物花瓣的糖浆饲喂蜂群。花香糖浆的制法：先在沸水中溶入相等重量的白糖，待糖浆冷却到20～25℃时，倒入预先放有该种作物花瓣的容器里，密封浸渍4 h，然后进行饲喂，每群每次喂100～150 g。第一次饲喂宜在晚上进行，第二天早晨蜜蜂出巢前，再补喂一次，以后每天早晨喂一次。也可在糖浆中加入该种作物香精喂蜂，以刺激蜜蜂采集。

2.3 作物管理

2.3.1 用药注意事项

在植物开花前，种植(园)户不得使用氧化乐果、敌敌畏等剧毒、残留期较长的农药；在开花期，授粉作物及其周边同期开花的其他作物均应严禁施药。若必须施药，应尽量选用生物农药或低毒农药。

2.3.2 开花前期管理

对作物进行常规的水肥管理，清除所有与农药有关的物品，待药味散尽后再运蜂进场。授粉作物不进行去雄处理。

2.3.3 合理配置授粉果树

利用蜜蜂为果树授粉时，对于自花授粉能力较差的品种，应间隔均匀地栽培一些供粉植株。对于盛果期的单一品种果园，可将授粉品种果树的花粉放在蜂巢门口，通过蜜蜂的身体接触将花粉带到植物花朵上，起到异花授粉的作用。

2.3.4 授粉后管理

经蜜蜂授粉后，应根据需要及时对作物进行疏花疏果、施肥浇水，提高产品产量和品质。

3 设施作物蜜蜂授粉技术

3.1 蜂群组织

3.1.1 蜜蜂蜂群组织

在秋末，通过培育蜂王，将大蜂群扩繁成1只蜂王、3脾蜂的授粉标准群，蜂箱内保持充足的蜂蜜和适量的花粉，以保证蜂群繁殖。授粉蜂群要提前预防病虫害，保证授粉蜂群无病。对于制种作物，在蜂群进入温室之前，应先隔离蜂群2～3天，让蜜蜂清除体上的外来花粉，避免引起作物杂交。

3.1.2 熊蜂蜂群组织

授粉植物开花前，在温度为29℃左右的饲养室把熊蜂蜂群繁育成有40只左右工蜂且拥有大量卵、虫、蛹的授粉蜂群，并转入20℃左右的饲养室继续饲养；在放入温室前3天，将熊蜂蜂群移入15℃左右的低温饲养室饲养，同时，在巢箱内加适当适量的脱脂棉或碎纸屑进行保温。在熊蜂移入温室前，蜂箱内保持充足的花粉和糖水。

3.2 蜂群配置

3.2.1 蜜蜂配置

3.2.1.1 时间 对于设施瓜果蔬菜类花期较长的作物，在初花期将蜂群放入即可；对于设施果树类花期很短的作物，应在开花前5天左右将蜂群放入温室。应选择傍晚时将蜂群放入温室，第二天天亮前打开巢门，让蜜蜂试飞，排泄，适应环境。同时补喂花粉和糖浆，刺激蜂王产卵，提高授粉蜜蜂的积极性。

3.2.1.2 数量 为设施瓜果蔬菜类授粉，对于面积为500～700 m^2 的普通日光温室，一个标准授粉群（3脾蜂/群）即可满足授粉需要；对于面积较小的温室，则应适当减少蜜蜂数量；对于大型连栋温室，则按一个标准授粉群承担600 m^2 的面积配置。

为设施果树类授粉，对于面积为500～700 m^2 的普通日光温室，根据树龄大小和开花多少，每个温室配置2～3个标准授粉群。对于大型连栋温室，则按一个标准授粉群承担300 m^2 的面积配置。

3.2.1.3 摆放 如果一个温室内放置1群蜂，蜂箱应放置在温室中部；如果一个温室内放置2群或2群以上蜜蜂，则将蜂群均匀置于温室中；蜂箱应放在作物垄间的支架上，支架高度20 cm左右，巢门朝南朝北均可。

3.2.2 熊蜂配置

3.2.2.1 时间 熊蜂适应温室环境能力较强，在温室作物开花前1～2天放入即可。应在傍晚时将蜂群放入温室，第二天早晨打开巢门即可。

3.2.2.2 数量 为设施茄果类、瓜果类、草莓类等开花较少的作物授粉，对于500～700 m^2 的普通日光温室，1群熊蜂（60只工蜂/群）即可满足授粉需要；对于大型连栋温室，按照1群熊蜂承担1 000 m^2 的授粉面积配置。

为设施桃、杏、樱桃、梨等开花较多的果树授粉，对于面积为

500～700 m^2 的普通日光温室，根据树龄大小和开花多少，每个温室配置 2～3 群的标准授粉群。对于大型连栋温室，则按一个标准授粉群承担 500 m^2 的面积配置。

3.2.2.3　摆放　如果一个温室内放置 1 群蜂，蜂箱应放置在温室中部；如果一个温室内放置 2 群或 2 群以上蜜蜂，则将蜂群均匀置于温室中。为设施瓜果类、草莓类授粉，蜂箱放在作物垄间的支架上，支架高度 30 cm 左右；为设施果树类授粉，常把蜂箱挂在温室后墙上，巢门朝南，蜂箱高度与树冠中心高度基本保持一致。

3.3　蜂群管理

3.3.1　蜜蜂管理

3.3.1.1　加强保温　温室内夜晚温度较低，蜜蜂结团，外部子脾常常受冻。为此，晚上应在副盖上加草帘等保温物，维持箱内温度相对稳定，保证蜂群能够正常繁殖。

3.3.1.2　喂水　温室内蜂群的喂水通常有两种，一是巢门喂水，采用喂水器进行喂水；二是在蜂箱前约 1 m 的地方放置一个碟子，每隔 2 天换一次水，在碟子里面放置一些草秆或小树枝等，供蜜蜂攀附，以防蜜蜂溺水死亡。

3.3.1.3　喂糖浆　温室内大多数作物因面积和数量有限，花朵泌蜜不能满足蜂群正常发育，尤其为蜜腺不发达的草莓等授粉时，通常在巢内饲喂糖水比为 2∶1的糖浆。

3.3.1.4　喂花粉　花粉是蜜蜂饲料中蛋白质、维生素和矿物质的唯一来源，对幼虫生长发育十分重要。通常采用喂花粉饼的办法饲喂蜂群。花粉饼的制法：选择无病、无污染、无霉变的蜂花粉，用粉碎机粉成细粉状；将蜂蜜加热至 70℃，趁热倒入盛有花粉的盆内（蜜粉比为 3∶5），搅匀浸泡 12 h，让花粉团散开。如果花粉来源不明，应采用高压或者微波灭菌的办法，对蜂花粉原料进行消毒灭菌，以防病菌带入蜂群。每隔 7 天左右喂一次，直至温室授粉结束为止。

3.3.1.5　调整蜂脾关系　温室特别是日光温室的昼夜温度、湿度变化大，容易使蜂具发生霉变而引发病虫害。在授粉后期，对于草莓等花期较长的作物，要及时将蜂箱内多余的巢脾取出，保持蜂多于脾，或者蜂脾相称的比例关系。

3.3.2　熊蜂管理

3.3.2.1　饲喂　为桃、杏等花期集中且花粉较多的果树授粉时，熊蜂一般不需要补充饲喂食物。为草莓等花期较长且花粉较少的作物授粉时，需要饲喂花粉和糖水。饲喂花粉的方法与蜜蜂相同。饲喂糖水时，通常在蜂箱前面约 1 m 的地方放置一个碟子，里面放置 50%的糖水少许，每隔 2 天更换 1 次；同时，在碟子内放置一些草秆或小树枝，供熊蜂取食时攀附。

3.3.2.2　移箱　为花期错开的果树授粉时，完成前一批果树授粉任务的熊蜂，可以继续为后一批开花的果树授粉。具体方法为：前一温室授粉结束时，在晚上熊蜂回巢后关闭巢门，然后将蜂箱移至新的温室，第二天早晨打开巢门即可。

3.3.2.3　及时更换蜂群　一群熊蜂的授粉寿命为 45 天左右。为长花期的作物如番茄、草莓等授粉时，应及时更换蜂群，保证授粉正常进行。

3.3.2.4　检查蜂群　蜂群活动正常与否，可以通过观察进出巢门的熊蜂数量来判断。在晴天的 9:00～11:00，如果在 20 min 内有 8 只以上的熊蜂进出蜂箱，则表明这群熊蜂处于正常的状态。对于不正常的蜂群应及时更换。

3.4　温室管理

3.4.1　隔离通风口

用宽 1.5 m 左右的尼龙纱网封住温室通风口，防止温室通风降温时蜜蜂或熊蜂飞出温室冻伤或丢失。

3.4.2　控温控湿

蜜蜂授粉时，温室温度一般控制在15～35℃；熊蜂授粉时，温室温度一般控制在15～25℃。

中午前后通风降温时，温室内相对湿度急剧下降。对于蜜蜂授粉的温室，可以通过洒水等措施保持温室内相对湿度在30%以上，以维持蜜蜂的正常活动。

3.4.3　作物管理

放入授粉蜂群前，对温室作物病虫害进行一次详细的检查，必要时采取适当的防治措施，随后保持良好的通风，去除室内的有害气体。

作物栽培采用常规的水肥管理，花朵不去雄。为温室果树授粉时，花期应在温室地面上铺上地膜，保持土壤温度和降低温室内湿度，有利于花粉的萌发和释放。

授粉结束后，根据作物生产需要调整温度、湿度，加强水肥管理和病虫害防治。果树视情况进行疏果。

3.4.4　用药注意事项

在植物开花前，不能使用残留期较长的农药如敌敌畏、乐果等。在植物开花期间，要避免使用毒性较强的杀虫剂如吡虫啉、毒死蜱等。如果必须施药，应尽量选用生物农药或低毒农药。施药时，一般应将蜂群移入缓冲间以避免农药对蜂群的危害，如在施用百菌清等杀菌剂时，或夜晚采用硫磺熏蒸防治作物灰霉病和烂根病等病害时，将蜂群移入缓冲间隔离1天，然后原位放回即可。利用熊蜂为设施茄果类授粉时，不宜再喷洒2,4-D和赤霉素等植物生长调节剂。

授粉合同(样本)

日期：________________

养蜂者姓名：__________ 栽培者姓名：__________
住址：__________ 住址：__________
电话：__________ 电话：__________

租赁蜂群数量和标准：________________
蜂群租金：________________
额外搬运蜜蜂的报酬和其他费用：________________
租金总计：________________
作物名称：________________
蜂群摆放位置为：________________

栽培者同意：1.限______天前通知把蜂群运进作物地。
2.限______天前通知把蜂群运走。
3.运到蜂群时付给租金总额为______。
4.运到蜂群后______天内付清全部租金。
5.过期未付，按每月付给金额1%的利息。
6.除非得到养蜂者的允许，租蜂期不在作物上喷洒有毒农药，如果邻居喷洒毒剂要预先告知养蜂者。
7.提供无污染的蜜蜂饮水站。
8.担负由于牲畜的损坏或摧残所造成的损失。
9.蜂群在作物地时，承担公众被蜜蜂蜇刺的责任。

养蜂者同意：1.栽培者检查时，打开随机选定的蜂群，并显示其群势。
2.为有效授粉，放置蜂群需要一定的时间，估计约需______天，最长需要______天，过期后就搬走蜂群或另续合同。
3.在授粉期，保证蜂群放在适宜地方，使蜂群处于良好状态。

四、蜂业政策法规

中华人民共和国主席令

第四十五号

《中华人民共和国畜牧法》已由中华人民共和国第十届全国人民代表大会常务委员会第十九次会议于 2005 年 12 月 29 日通过，现予公布，自 2006 年 7 月 1 日起施行。

中华人民共和国主席　胡锦涛

2005 年 12 月 29 日

中华人民共和国畜牧法

（2005 年 12 月 29 日第十届全国人民代表大会常务委员会第十九次会议通过）

目　录

《中华人民共和国畜牧法》中“蜂”条款的释义

第二条　“……蜂、蚕的资源保护利用和生产经营，适用本法有关规定。”

释义：本条第三款是关于蜂、蚕适用本法的规定，是关于本法适用范围的特殊规定。

按照本款规定，蜂、蚕的资源保护利用和生产经营，适用本法有关规定。

在本法的起草和审议过程中，对于是否将蜂、蚕纳入调整范围一直有不同看法。考虑到养蜂业和蚕桑业是我国重要的传统动物饲养产业，并在世界上占有十分重要的地位。长期以来，这两个行业的管理立法严重滞后，特别是蜂农权益保护、蜂产品生产环节的污染控制、蚕种资源保护及新品种选育等环节，亟需建立相应的管理制度。因此，畜牧法将蜂、蚕纳入调整范围之中。同时，也考虑到蜂、蚕管理的特殊性，本法只对养蜂业管理，如在“畜禽养殖”一章中对蜂产品的污染控制、维护养蜂者的合法权益和为养蜂者提供必要的便利等作出了一些原则规定。对于蚕种的资源保护、新品种选育、生产经营和推广适用等则授权国务院农业行政主管部门制定管理办法。

第四十七条　国家鼓励发展养蜂业，维护养蜂生产者的合法权益。有关部门应当积极宣传和推广蜜蜂授粉农艺措施。

释义：养蜂是一项不争田、不占地、投资少、见效快的空中农业，是有百利无一害、无污染的节约型产业，是促使农民脱贫致富的一条捷径，养蜂业已成为现代生态农业中的重要组成部分。该条款明确了养蜂业在国民经济中的重要地位，是国家鼓励发展并保护的产业，任何单位和个人不得阻碍养蜂业的发展，不得破坏蜂种资源，不得乱砍滥伐蜜粉源植物，不得损害蜂群，不得破坏养蜂器具，保证养蜂产品质量安全及维护养蜂生产者的利益，不得违反国家财政规定进行乱收费、乱罚款，养蜂者的人身安全及其财产受国家保护。

蜜蜂为农、林、果、蔬等作物授粉，能够大幅度地提高作物的质量和产量，其所产生的经济效益和生态效益更加可观，是蜂产品经济效益的百倍。蜜蜂授粉是解决和替代人工授粉的最佳天然科技手段，是我国养蜂业亟待发展和推广的一个重要产业。各有关部门应有计划地积极宣传和推广蜜蜂授粉，并大力提倡有偿蜜蜂授粉，促进种植业和养蜂业双收双盈。

第四十八条　养蜂生产者在生产过程中，不得使用危害蜂产品质量安全的药品和容器，确保蜂产品质量。养蜂器具应当符合国家技术规范的强制性要求。

释义：养蜂生产者在养蜂生产过程中，要遵循国家及农业部的有关规定，进行规范养蜂生产和用药。基本的要求是按照NY/T5139-2002蜜蜂饲养管理准则、NY/T639-2002蜂蜜生产技术规范、NY/T638-2002蜂王浆生产技术规范、NY/T637-2002蜂花粉生产技术规范、NY/T629-2002蜂胶生产技术规范进行养蜂生产；按照兽药管理条例、NY/T5138-2002蜜蜂饲养兽药使用准则、食品动物禁用的兽药及其他化合物清单以及中国养蜂学会在全国开展的蜂产品安全与标准化生产中的要求，进行规范生产和用药；不得乱用、滥用蜂药，不得使用不符合规定、危害蜂产品质量安全的药品。

养蜂器具也需要符合国家技术规范的强制性要求，不得使用不符合国家技术规范和要求的、污染蜂产品、危害蜂产品质量安全的养蜂器具；不得使用不符合国家技术规范和要求的，盛装过药品、燃料油、食用油或其他化工产品的容器盛装蜂产品，蜂产品包装必须符合食品企业通用卫生规范（GB1488-94）、蜂蜜卫生标准（GB14963-2003）、食品安全国家标准—蜂蜜（GB14963-2011）及其他国家相关标准和要求，以确保蜂产品的质量。

生产出的蜂产品质量安全必须符合蜂蜜强制性国家标准和即将出台的蜂王浆强制性国家标准，以及蜂胶、蜂花粉等国家蜂产品质量标准、卫生标准和兽药残留最高限量，确保蜂产品的质量安全。

第四十九条　养蜂生产者在转地放蜂时，当地公安、交通运输、畜牧兽医等有关部门应当为其提供必要的便利。

养蜂生产者在国内转地放蜂，凭国务院畜牧兽医行政主管部门统一格式印制的检疫合格证明运输蜂群，在检疫合格证明有效期内不得重复检疫。

释义：我国疆土辽阔，蜜粉资源丰富，气候不一。“追花取蜜”，转地放蜂，已成为我国养蜂生产的特色，养蜂生产者转地放蜂受国家允许并保护。任何单位和个人不得阻止转地养蜂生产者在当地安置蜂群，各地农业畜牧兽医等有关部门应积极指导安排良好环境的养蜂场地，不得收取占地费；当地公安部门有责任维护转地养蜂生产者的人身和财产安全，积极协助解决发生的意外事故和纠纷，保护养蜂生产者的合法权益；蜂群运输过程中，属于生活动物，在港口、路口应优先放行，允许运蜂车辆进入高速公路，以避免运蜂车辆由于天气炎热、堵车或停滞时间过长而导致蜜蜂窒息而死，造成不必要的损失；允许蜜蜂及蜂产品列入“绿色通道”；为养蜂生产提供必要的便利。

养蜂生产的蜂群，必须严格按国家有关规定进行检疫，合格者发给检疫合格证明，检疫按照国家有关规定收费并开据发票，不得擅自乱收费。蜂群转地时，要求养蜂生产者携带检疫合格证明，不得伪造或持假的检疫合格证明；在检疫合格证明有效期内，均不得对定地或转地蜂群进行重复检疫。

农业部关于印发《全国养蜂业"十二五"发展规划》的通知

各省(自治区、直辖市)畜牧兽医(农牧、农业)厅(局、委、办),新疆生产建设兵团畜牧兽医局,黑龙江、广东、云南省农垦总局:

养蜂业是农业的重要组成部分,对于促进农民增收、提高农作物产量和维护生态平衡具有重要意义。为加强对我国养蜂业发展的管理与指导,推动产业持续健康稳定发展,结合养蜂业发展实际,我部组织编制了《全国养蜂业"十二五"发展规划》(附后)。现予印发,请认真贯彻落实。

2010 年 12 月 27 日

全国养蜂业"十二五"发展规划

我国是世界养蜂大国,养蜂数量和蜂产品产量多年来一直稳居世界首位。养蜂业的稳定发展对于促进农民增收、提高农作物产量和维护生态平衡都具有重要意义。为促进养蜂业持续健康稳定发展,结合生产发展实际,制定本规划。

一、发展概况

(一)主要成就

改革开放以来,我国养蜂业经历了快速发展、巩固提高和稳步增长三个阶段。进入新世纪后,我国蜂群数量、蜂产品产量稳定增长,养蜂业生产规模不断扩大,单产水平和蜂产品质量不断提高,养蜂业继续保持稳定发展态势。

1.养蜂生产总体保持稳定发展。我国养蜂生产在 20 世纪 70～80 年代发展较快,处于快速上升阶段,1988 年全国蜂群数量达到780万群。之后进入了10多年的调整巩固期，2000年全国蜂群数量下降到680万群。近年来，我国养蜂生产开始稳步回升，2009年全国蜂群数量达到820万群，蜂蜜产量上升到40万t，蜂王浆和蜂花粉产量均超过4 000 t，蜂胶350多t，养蜂业总产值达40多亿元。

2.标准化饲养和区域化发展进程加快。各地不断创新蜜蜂饲养方式，更新养蜂机具，加快生产科技推广，加强疫病防控，养蜂业标准化规模饲养发展很快。全国蜂群平均单产由1999年的31 kg增加到2009年的48 kg。浙江、四川、湖北等传统养蜂大省的饲养优势得到进一步加强，浙江省养蜂业产值在全省畜牧业中居第三位。黑龙江、吉林等新兴养蜂基地迅速崛起，蜂群饲养数量和蜂产品产量大幅增加。

3.蜂产品加工能力和出口数量大幅提升。近十几年来，我国蜂产品加工逐渐摆脱传统的作坊生产模式，工厂化、标准化生产加工水平不断提高，市场开拓能力明显增强。蜂蜜、蜂王浆等传统产品加工稳步发展，蜂花粉、蜂胶等新产品不断推出，蜂产品花色品种和数量日益丰富。全国涌现出一批出口产值超亿元的企业，2009年，我国出口蜂产品金额超过10亿元，比1999年增长80.3%。

4.养蜂业带动农民增收和农作物增产作用进一步增强。养蜂业具有投资小、见效快、回报率高的特点，按照一个家庭蜂场饲养100群蜂，正常年份每群蜂纯收入约300元计算，每户年收入可达3万元，带动农民增收作用明显。目前蜜蜂授粉业发展正呈方兴未艾之势，北京、浙江的设施农业授粉，内蒙古的向日葵授粉，广东、福建的荔枝、龙眼授粉等已初具规模。通过蜜蜂授粉，使油菜、棉花、油葵、草莓、苹果、白莲等农作物产量大幅增加，品质显著改善。据测算，全国每年通过授粉使农作物增产产值达5 000亿元。

在养蜂业的发展进程中，各地积累了一些好的经验和做法，概括起来主要有:以国内外市场需求为导向,重点加强国内蜂产品市场开拓,不断扩大消费市场;以蜂产品质量安全为保障,重点加强标准化生产管理,不断提高质量安全水平;以产业化发展为突破,重点加强行业组织建设,不断探索创新养殖加工环节的利益联结机制。

(二)存在问题

我国是世界第一养蜂大国,但不是养蜂强国,养蜂业还存在一些亟待解决的突出问题。一是标准化规模生产程度低。我国养蜂业属于劳动密集型产业,蜂场规模小,蜜蜂良种化程度不高,蜂螨、白垩病、中蜂囊状幼虫病和爬蜂综合征等疫病还比较突出,蜂群健康状况、蜜蜂育种以及机械化生产水平与国外相比差距较大,抵御自然灾害和市场风险能力弱。二是蜜蜂授粉增产的意识不强。与美国等发达国家相比,国内对蜜蜂授粉的重要性认识还不足,宣传力度不够,专业性授粉蜂群数量较少,养蜂为农作物授粉增产技术普及率不高。目前,粮食、果树、蔬菜等农作物流蜜期喷洒的部分农药对蜜蜂毒性较大,由于蜂农不了解农药使用情况,造成蜜蜂大批死亡,给养蜂业造成较大损失。三是蜂产品质量安全水平不高。部分蜂药使用不规范,蜂产品质量和检测检验标准还不完善,市场监管较为薄弱;加工企业总体生产技术水平落后,个别企业还存在追求数量、不重质量的问题。四是养蜂业组织化程度低。近年来,部分地方养蜂管理机构逐渐弱化,养蜂行业组织发展还比较滞后,技术推广、维权服务、产销衔接等职能还没有充分发挥,养蜂者的合法权益难以保障。此外,养蜂条件艰苦、设施落后,随着社会经济的快速发展,年轻人不愿从事养蜂业,养蜂人员老龄化现象凸显。

(三)养蜂业具有较大的发展潜力

应当看到,我国养蜂业从业人员众多,蜜源植物丰富,蜜蜂授粉和蜂产品市场消费量巨大,具有很大的发展潜力。

1.市场消费方面。2009年我国人均蜂产品消费量为0.3 kg，部分城市居民和大多数农村居民基本上还没有消费蜂产品。随着人民生活水平的不断提高和对蜂产品保健功效认识的不断加深，人均蜂产品消费量将继续呈增长趋势，消费需求增长空间很大。按照2000年至2009年蜂产品消费年均增长4%推算，2015年人均蜂产品潜在消费量将达到0.35 kg，届时按照全国人口14亿计算，则需要50万t蜂产品，蜂产品生产量需要在目前的基础上增加30%。近年来，我国蜂产品出口数量增长缓慢，但贸易额增加较快，今后一个时期将继续保持这种趋势。随着国内需求不断增长，蜂产品生产增加部分主要销往国内市场。

2.蜜源植物承载量方面。目前，我国饲养的蜜蜂70%为西蜂，30%为中蜂。平原地区（农区）以饲养西蜂为主，山区（林区）则以饲养中蜂为主。到2015年，按照每群蜂生产50 kg优质蜂蜜计算，生产50万t蜂蜜需要饲养1 000万群左右的蜜蜂。据国家统计局及国家林业局统计，2008年我国主要的农业类蜜源植物约为28.5万km^2，林业区经济林种植面积约为20.2万km^2，理论可承载5 000万群蜜蜂，即使实际利用率按照30%计算，我国现有的蜜源植物也完全能够承载1 000万群以上的蜜蜂。

3.蜜蜂授粉方面。蜜蜂为农作物授粉可以显著提高农作物产量和品质。目前我国蜜蜂授粉工作还处于起步阶段，发展还远不能满足农业生产和生态环境保护的需要。今后将蜜蜂授粉作为商品化、专业化的产业，建立健全蜜蜂授粉配套服务体系，提高农作物产量，增加农业效益，促进生态环境可持续发展，潜力巨大。

二、指导思想、原则和目标

（一）指导思想

深入贯彻落实科学发展观，以市场为导向，加强政策扶持，着力改善养蜂业发展的内外部环境；转变养蜂业发展方式，优化区域布局，大力推进养蜂业的标准化、规模化、优质化和产业化，坚持发展养蜂生产和推进农作物授粉并举，加快推动蜜蜂授粉产业发展；以国家蜂产业技术体系建设为抓手，加强蜂产业关键技术研究，提升科研自主创新能力，稳步提高蜂产品生产技术水平和质量安全水平，积极促进农业增产、农民增收和生态增效，努力实现养蜂业持续稳定健康发展。

（二）基本原则

坚持统筹协调，统筹国内、国际两个市场，推动发展养蜂生产和促进农业增产、生态保护的良性互动，强化养蜂为农作物授粉增产的功能。坚持市场导向，充分发挥市场机制在资源配置中的基础性作用，大力引导资金、技术、人才投入产业；加大政策扶持，强化对行业发展的指导、管理和服务，健全相关法规与标准，营造养蜂业发展良好的外部环境。坚持质量至上，推广先进适用饲养技术，严格兽药等投入品使用监督管理，落实各环节的质量负责制度，提高蜂产品质量安全水平。

（三）发展目标

蜂产品生产能力稳步提高。到 2015 年，全国养蜂数量达到 1 000万群，其中西蜂 650 万群，中蜂 350 万群。在提高质量的前提下，稳步增加产量，力争蜂蜜产量达到 50 万 t。

生产方式转变取得显著进展。到 2015 年，年饲养 100 群蜜蜂以上的规模化养殖场（户）和专业合作组织比重由目前的不足 25% 提高到 50%，养蜂业机械化水平进一步提高；蜜蜂规范饲养标准得到广泛推行，危害蜂群健康的蜂螨、孢子虫病、白垩病、中蜂囊状幼虫病、爬蜂综合征等得到有效控制。

蜜蜂授粉增产技术得到大力推广。蜜蜂为农作物授粉增产技术得到普及，形成一批专业化的授粉蜂场，初步实现蜜蜂授粉产业化。

蜜蜂资源保护和种蜂生产能力明显增强。到2015年,国家级和部分省级蜜蜂资源基因库、保种场、保护区得到建设完善;种蜂场供种能力显著提高,全国优质种蜂年供应能力由目前的2万只增加到4万只。

蜂产品质量安全大幅提高。到2015年,规模养蜂场(户)基本建立养殖档案和养蜂日志,兽(蜂)药等投入品使用规范;蜂产品质量追溯制度基本建立,蜂产品质量检测评价体系和标准体系更趋完善,蜂产品质量符合国家有关标准。

蜂业产业化加快发展。到2015年,60%以上的蜂农加入专业合作组织,蜂农与企业的蜂产品产销衔接更加紧密;行业组织在技术培训、产销衔接、信息发布、维权服务等方面的作用得到充分发挥。

三、发展重点

推进标准化饲养。加大蜂产品标准化生产基地建设投入,支持龙头企业建立标准化示范基地。推广蜜蜂饲养标准和规范,推动机械化饲养,建立养殖档案和养蜂日志,提高饲养效益,解决兽药残留超标等突出问题。推行蜜蜂强群饲养技术,切实加强疫病防控,有效降低传染病、多发病的发病率。

大力推广普及蜜蜂为农作物授粉增产技术。加大宣传力度,开展蜜蜂为农作物授粉增产示范,鼓励和发展专业化授粉蜂场,普及蜜蜂为农作物授粉增产技术,逐步提高授粉收入占养蜂总收入的比例,促进蜜蜂授粉业的产业化发展。

扶持养蜂业产业化组织化发展。发展以蜂农为基础、专业合作组织为依托、蜂产品加工企业为龙头的蜂业产业化经营方式。鼓励蜂产品加工企业通过订单收购、建立风险基金、返还利润、参股入股等多种形式,与蜂农结成稳定的产销关系、形成紧密的利益联结机制。积极扶持养蜂合作社、蜂业协会等农民专业合作组织的发展，发挥其在维护蜂农利益、产销衔接、技术培训等方面的重要作用。

加强资源保护与利用。按照《畜牧法》和《畜禽遗传资源保种场保护区和基因库管理办法》的要求，加大对蜜蜂资源场、保护区、基因库基础设施建设的投入，完善配套设施。对重点蜜蜂种质资源保护予以支持，提高资源保护能力。加强种蜂场建设，提高供种能力和质量。

完善质量标准、检测、评价体系。结合产业发展实际和产品质量安全管理，修订和完善相关技术标准。加强检测和评价技术研究，完善蜂产品检测体系和质量评价体系。建立产品追溯制度，推广蜂产品质量安全标准，提高蜂产品质量安全水平。

四、发展区域布局

基于养蜂生产发展实际、蜂产品加工水平、蜜源植物利用现状等，将全国养蜂业发展布局划分为华北、东北内蒙古、华东、中南、西南、西北六个区域，确定各区域的主攻方向和2015年的发展目标。

（一）华北地区

基本情况：本区域包括北京、天津、河北、山西和山东5省（市），蜜蜂饲养技术水平较高，2009年蜂群数量为70多万群，年生产蜂蜜2.4万t。蜜源植物主要有荆条、刺槐、枣树等，是我国优质蜂蜜的重要产区。该区域蜂产品消费市场大，加工能力强，拥有多家大型蜂产品加工企业；拥有国家级蜂业科研机构、蜂产品检测机构和蜜蜂育种、保种中心。山西省是我国蜂药研发和生产的主要基地。

主攻方向：以发展西蜂标准化规模饲养，建立和完善产品安全与标准化生产管理体系为主，兼顾华北中蜂资源的保护与利用。建设优质刺槐蜜、枣花蜜和荆条蜜生产基地。进一步加强高效无残留的蜂药研发和生产。加大设施农业蜜蜂授粉技术的推广力度。选育和推广优质蜂种。加强对蜜蜂饲养技术、蜂产品检测技术和蜂产品质量可追溯技术的研究推广。

发展目标:稳定蜂群数量,提高蜂产品质量,规模化、集约化养蜂程度显著提高。建立一批优质刺槐蜜生产基地,建立一批蜂产品标准化生产示范基地和设施农业蜜蜂授粉技术示范基地。蜂药质量全部符合国家有关法律、法规要求。检测机构对蜂产品质量的检测能力达到国际先进水平。

(二)东北内蒙古地区

基本情况:本区域包括内蒙古、辽宁、吉林和黑龙江 4 省(区),2009 年蜂群数量达到 83 万群,年生产蜂蜜 3.3 万 t。蜜源植物主要有椴树、刺槐、胡枝子、向日葵、荞麦、牧草等,到本区域转地放蜂的数量较大,是我国优质椴树蜜主要的生产和出口基地。区内有国家级蜜蜂遗传资源基因库一个、东北黑蜂国家级保护区一个、国家级蜜蜂保种场两个,是我国蜜蜂种质资源保护和利用的重要基地。

主攻方向:保护椴树等蜜源植物,加大优质蜂产品生产基地建设力度。继续发挥种质优势,保护和利用黑蜂资源。加强长白山中蜂保护区、种蜂扩繁场、种蜂质量监测检验中心建设。以饲养西蜂为主,加强优良蜂种的繁育和推广,实现蜜蜂饲养良种化。加大设施农业蜜蜂授粉技术的推广力度。

发展目标:在黑龙江、吉林建立椴树蜜生产基地,在辽宁建立荆条、刺槐蜜生产基地。蜂群数量以每年 5%增长,至 2015 年达到 110 万群,蜂蜜产量达到 5 万 t。东北黑蜂等地方蜜蜂资源得到有效保护。向日葵等农作物蜜蜂授粉技术得到普及,设施农业生产基本采用蜜蜂授粉。

(三)华东地区

基本情况:本区域包括上海、江苏、浙江、安徽、江西、福建 6 省

（市），主要以饲养西蜂为主，向外转地放蜂数量较大，2009 年蜂群数量为 190 万群，蜂蜜产量 13 万 t，蜂王浆产量占全国总产量的 50%以上，是我国蜂王浆主要生产和出口地区。区内蜜源资源较为丰富，主要蜜源有油菜、紫云英、荔枝、龙眼、柑橘等。本区域是我国蜜蜂饲养技术水平较高的地区之一，科研和加工力量雄厚，是我国竹木、塑料蜂具主要生产基地，蜂产品生产种类齐全。该区域种植的蜜源面积（油菜、紫云英等）随农业种植方式的改变而萎缩，但山区蜜源资源利用还不充分。

主攻方向：加强对本地中蜂资源保护和利用，建立皖赣山区、大别山区中蜂资源保护区。浙江加强优质王浆蜂种的选育。安徽、福建、江西三省的山区，以定地为主、小转地为辅发展中蜂的饲养，生产特色蜂蜜。加强蜂产品的深度开发研究，加大优质蜂具生产，加快优质蜂产品生产基地建设。加大中蜂囊状幼虫病等疫病的防控技术研究力度。加大设施农业蜜蜂授粉技术的推广力度。加强养蜂专业合作组织建设，加快蜂农风险救助机制建立，保护蜂农的合法权益。

发展目标：稳定现有西蜂数量，增加中蜂的饲养量，蜜源植物得到充分利用，产品质量得到进一步提高。加大优质蜂具生产基地建设。中蜂囊状幼虫病、爬蜂综合征等疫病得到有效控制。建立一批蜂产品标准化生产示范基地和设施农业蜜蜂授粉技术示范基地。

（四）中南地区

基本情况：本区域包括河南、湖北、湖南、广东、广西、海南 6 省（区）。2009 年蜂群总数为 190 多万群，蜂蜜产量 13.5 万 t。区内蜜源植物丰富，河南、湖北、湖南主要有油菜、枣树、刺槐、柑橘、紫云英等，广东、广西、海南以荔枝、龙眼、山乌桕、八叶五加为主。本区域拥有年加工出口蜂蜜万吨以上的大型企业，是我国蜂蜜的重要加工和出口基地,蜂产品消费能力较强。

主攻方向:广东、广西和海南以发展中蜂为主,湖南、河南、湖北以发展西蜂为主。建立优质油菜蜜生产基地和山桂花蜜生产基地,加强优质蜂产品生产基地的建设。大力支持养蜂专业合作社建设,加强对蜂农的技术培训,促进养蜂户向标准化规模饲养发展。加大对蜜源植物资源和中蜂资源的保护利用力度,建立中蜂保种场和保护区。发展特色蜂蜜生产,提高蜂产品质量。开展果树蜜蜂授粉技术推广工作。加强对中蜂囊状幼虫病的防控研究。

发展目标:稳定蜂群数量,提高蜂产品质量,建立一批特色蜂产品生产基地和蜂产品标准化生产基地;主产省建成一批优质蜂产品生产基地。区内油菜、荔枝、龙眼等农作物蜜蜂授粉率达到60%以上。建立神农架国家级中蜂自然保护区。中蜂囊状幼虫病得到有效的控制。

(五)西南地区

基本情况:本区域包括重庆、四川、贵州、云南和西藏5省(区、市),2009年蜜蜂饲养量为230多万群,蜂蜜产量6.5万t。这一区域除西藏之外,地理位置特殊,气候温和,蜜源植物和蜜蜂品种资源丰富,四季蜜源不断,发展中蜂、西蜂饲养都有一定的优势和条件,是我国主要的蜜蜂繁育基地和蜂蜜生产基地之一。

主攻方向:中蜂与西蜂发展并举,坝区和丘陵区以发展西蜂为主,重点推广蜜蜂规模化、标准化饲养技术,建立和完善产品安全与标准化生产管理体系。山区和深山区以发展中蜂饲养为主,利用山区蜜源优势,大力推广中蜂活框饲养技术,着力提高蜂群单产水平,增加养殖效益。加大西藏地区蜜蜂饲养技术推广力度,扩大饲养规模,增加蜂产品产量。利用蜜源优势生产具有地方特色的优质蜂产品。加强对本地中蜂资源保护和利用以及中蜂囊状幼虫病的防控研究。

发展目标：到2015年，蜜蜂饲养量达到300万群(其中中蜂150万群)，年生产蜂蜜8万t。建立完善产品安全与标准化生产管理体系，中蜂资源得到有效保护和利用，蜜蜂养殖效益和蜂产品质量安全水平明显提高。逐步建设成为我国的蜜蜂越冬春繁基地、养蜂生产基地、特色蜂蜜生产基地、优质蜂产品生产基地。

(六)西北地区

基本情况：本区域包括陕西、甘肃、青海、宁夏和新疆5省(区)，2009年饲养蜜蜂50万群，生产蜂蜜1.4万t。本区域夏秋蜜源植物种植面积大，特色蜜源植物与草地植物等蜜源资源丰富。本区域蜜源植物尚未得到充分利用，蜂群单产水平低。青海、甘肃是夏秋季转地放蜂比较集中的区域，青海生产的蜂王浆品质优良。

主攻方向：新疆保护和发展黑蜂，加快推进规模饲养，产品以生产优质特色蜜为主。青海建设优质蜂王浆、蜂花粉生产基地。陕西、甘肃、宁夏在发展西蜂饲养的基础上，充分利用资源优势，在山区发展中蜂，建立中蜂资源保护区，扩大饲养规模，推广中蜂活框饲养技术，提高养蜂生产水平和养殖效益。加大中蜂资源的保护和利用力度。在扶持本地养蜂发展的同时，积极做好对外来转地蜂群的接待和安置工作。

发展目标：到2015年，蜂群饲养量达到80万群，年生产蜂蜜2.5万t。养蜂生产水平和养殖效益大幅提高，转地放蜂者权益得到有效保障。建成我国优质蜂蜜、蜂王浆、蜂花粉生产基地和蜜蜂授粉示范基地，农作物蜜蜂授粉技术得到逐步推广。

五、重点项目

(一)蜂产品基地建设

蜂产品示范基地建设。重点依托国家蜂产业技术体系综合试验站，培育一批标准化蜂蜜生产示范基地和蜂王浆生产示范基地。

支持蜂农专业合作社发展。在全国发展一批示范蜂农合作社和养蜂协会，联合分散养殖户形成大规模养蜂团体，使其在维护蜂农利益、协商蜂产品收购价格、为蜂农提供服务等方面发挥作用。

科技推广和蜂农技术培训。鼓励支持企业、行业组织和科研单位加大养蜂生产技术推广力度，重点加强对生产基地、蜂农合作社、大型养蜂场生产人员的培训。加强蜂农职业技能培训。注重山区、贫困地区、老少边远地区的养蜂知识普及。5 年内，全国培训蜂农 10 万人次以上。

扶持养蜂生产。结合养蜂业发展的实际，探索对蜂农、蜂业合作社的蜜蜂饲养以及养蜂机具购置等给予补贴。

（二）蜜蜂授粉增产技术体系建设

建设蜜蜂授粉示范基地。重点依托国家蜂产业技术体系综合试验站，在全国建立一批蜜蜂授粉示范基地，探索政府蜜蜂授粉补贴政策，加快普及绿色植保技术，加强宣传与普及蜜蜂为农作物授粉增产技术，带动蜜蜂授粉产业的发展。

建立蜜蜂授粉技术研究与推广体系。建立蜜蜂授粉技术研究推广中心，支持有关单位开展蜜蜂为农作物授粉增产机理及技术的研究推广。

（三）蜜蜂资源保护与种蜂良种繁育

蜜蜂种质资源保护。建设中蜂等资源场 15 个，保护区 8 个，完善国家蜜蜂遗传资源保护中心，完善资源基因库 2 个，并建立相应的遗传资源动态监测系统。

蜜蜂新品种培育。建设蜜蜂育种中心，培育 5 个蜜蜂新品种（系）。

蜜蜂遗传改良和良种繁育。在养蜂大省和种源基础较好的省份改扩建种蜂场 10 个。

种蜂质量监测。新建蜜蜂种质鉴定中心，建设蜜蜂良种数据库，收集、分析、发布全国优良蜂种信息。

（四）蜂病防控

蜂药研制。研制推广一批高效无残留的杀螨、抗菌蜂药。

加强疫病防控。研究推广蜂病防控技术和实验室及现场快速诊断技术，提高蜜蜂疾病的诊断准确率。强化蜂场日常卫生防疫管理和蜂群保健，加强蜂螨、白垩病、蜜蜂孢子虫病、中蜂囊状幼虫病和爬蜂综合征等危害严重的疫病的防控。

加强蜂药使用管理。加强蜂药等投入品使用指导与管理，规范使用时期和剂量，严格执行休药期。

（五）蜂产品质量检测体系建设

质量检测体系建设。继续加强农业部蜂产品质量监督检验测试中心（北京）建设，将各地蜂产品质量检测功能纳入各地综合质检体系，完善质量检测体系运行机制，提高检测能力。鼓励加工企业和合作组织加强蜂产品质量检测能力建设。

检测和评价技术研究。开展蜂产品真实性检测和评价技术研究、蜂蜜类别区分技术研究、污染物检测和评价技术研究、快速检测技术研究。

蜂产品质量安全监控与风险评估。加大蜂产品质量检测投入，加强蜂药等投入品质量安全的监督检验，实施例行检测、应急检测和风险评估，及时掌握我国蜂产品质量安全现状。研究适合我国蜂产品质量安全的风险评估方法，实施危机预警报告制度。

完善蜂产品标准体系。及时修订完善蜜蜂饲养、蜂病防治、蜂产品生产、蜂产品检测、授粉利用等标准，建立健全蜂业标准体系。

六、保障措施

（一）加大对养蜂业发展的支持与保护。制定完善相关管理制度，进一步加强蜂药生产、销售、使用等管理，建立和健全规模蜂场备案与养殖档案制度，规范蜜蜂检疫行为。探索建立养蜂主产区成熟蜜生产补贴和政策性保险政策，提高养殖积极性，降低养殖风险。推动出台蜜源植物保护利用政策,探索有偿授粉机制,协调有关部门在植树造林、退耕还林还草项目中支持蜜源植物种植。

(二)保护蜂农合法权益。逐步推行蜂产品优质优价,完善企业与养殖户的利益联结机制。在转地放蜂集中地区,配合有关部门,妥善解决治安、收费、蜂产品销售、蜜蜂农药中毒、人蜂安全等问题,保护蜂农的人身权益和经济利益。鼓励和支持农户在粮食、果树、蔬菜等农作物流蜜期采用绿色防控技术,喷洒对蜜蜂低毒的农药。加快推行农药喷洒事先告知制度,探索建立种植农户和蜂农间的信息沟通渠道和机制。积极支持建立养蜂业风险救助金制度,不断增强蜂农抵御风险灾害能力。

(三)加快科技研发与应用步伐。建立产学研密切结合的技术支撑体系,加快养蜂和蜜蜂授粉技术的研究和推广普及。加大对新型养蜂机具、新蜂药、新技术、新产品等研发的支持,加强养蜂生产者与加工企业和科研院校的联结,切实搞好蜂农科技培训,通过举办现场会、培训班等形式,多渠道、多形式、多层次地培训蜂农,提高养蜂管理技术水平。

(四)积极开拓蜂产品消费市场。普及蜂产品知识,通过多种形式开展消费咨询,对违规企业及时曝光,营造公平竞争的市场环境,维护消费者权益。适应市场需求,丰富蜂产品花色品种,优化产品结构,提高居民消费水平。积极培育蜂产品知名品牌,利用已有优势巩固和扩大蜂产品出口,积极拓展国际市场。

(五)强化对养蜂业发展的指导和管理。加强行业监管,充实养蜂管理人员队伍,养蜂重点区域主管部门要安排专职蜂业管理人员,其他地区要有兼管人员,及时处理养蜂业发展中遇到的突出问题。加强行业协会、组织建设,要根据本地市场和资源优势,制定符合实际的发展规划,充分发挥规划对养蜂业发展的指导作用。加强养蜂生产的信息平台建设,密切关注养蜂业发展出现的新情况、新问题，及时采取应对措施，推进养蜂业持续健康发展。

七、环境影响评价

养蜂业是环境友好型生态农业的重要组成部分，蜜蜂授粉维持和促进了生物多样性，提高了农作物产量，推动了农业的可持续发展，综合评估对生态环境没有不利的影响。

（一）养蜂业发展与生态农业目标一致。养蜂不与农争地，不与人争粮，只利用农田的边缘地带、林下、道路两旁等闲散区域摆放蜂箱，开展养蜂生产。蜜蜂消耗的能量和物质主要来自生态系统内可再生的植物花蜜和花粉，蜜蜂在采集植物花蜜和花粉的过程中为植物传授花粉，提高了农作物的产量和品质，增加了经济效益和生态效益。

（二）《规划》明确了生态环境保护措施。为了更好地发挥养蜂业的生态环境作用，《规划》充分考虑了蜜源植物承载能力，根据不同区域蜜源植物物种类和数量，合理布局、突出特色，确定适当的增长速度，强化饲养技术培训，规范蜂药的使用管理，兼顾了养蜂业发展与生态保护。

（三）养蜂业有利于维护生物多样性。蜜蜂在采集花蜜花粉的过程中，具有采集专一性，蜂群在特定时段内只偏向于采集同种花的花蜜花粉，提高特定生态系统内生物的成活率和繁殖率，维护物种多样性。

中华人民共和国农业部公告

第1692号

养蜂业是农业的重要组成部分，对于促进农民增收、提高农作物产量和维护生态平衡具有重要意义。为进一步规范和支持养蜂行为，加强对养蜂业的管理，维护养蜂者合法权益，促进养蜂业持续健康发展，我部组织制定了《养蜂管理办法(试行)》。

特此公告。

2011年12月13日

养蜂管理办法(试行)

第一章　总　则

第一条　为规范和支持养蜂行为，维护养蜂者合法权益，促进养蜂业持续健康发展，根据《中华人民共和国畜牧法》、《中华人民共和国动物防疫法》等法律法规，制定本办法。

第二条　在中华人民共和国境内从事养蜂活动，应当遵守本办法。

第三条　农业部负责全国养蜂管理工作。

县级以上地方人民政府养蜂主管部门负责本行政区域的养蜂管理工作。

第四条　各级养蜂主管部门应当采取措施，支持发展养蜂，推动养蜂业的规模化、机械化、标准化、集约化，推广普及蜜蜂授粉技术，发挥养蜂业在促进农业增产提质、保护生态和增加农民收入中的作用。

第五条　养蜂者可以依法自愿成立行业协会和专业合作经济组织，为成员提供信息、技术、营销、培训等服务，维护成员合法权益。

各级养蜂主管部门应当加强对养蜂业行业组织和专业合作经济组织的扶持、指导和服务，提高养蜂业组织化、产业化程度。

第二章　生产管理

第六条　各级农业主管部门应当广泛宣传蜜蜂为农作物授粉的增产提质作用，积极推广蜜蜂授粉技术。

县级以上地方人民政府农业主管部门应当做好辖区内蜜粉源植物调查工作，制定蜜粉源植物的保护和利用措施。

第七条　种蜂生产经营单位和个人，应当依法取得《种畜禽生产经营许可证》。出售的种蜂应当附具检疫合格证明和种蜂合格证。

第八条　养蜂者可以自愿向县级人民政府养蜂主管部门登记备案，免费领取《养蜂证》，凭《养蜂证》享受技术培训等服务。

《养蜂证》有效期三年，格式由农业部统一制定。

第九条　养蜂者应当按照国家相关技术规范和标准进行生产。

各级养蜂主管部门应当做好养蜂技术培训和生产指导工作。

第十条　养蜂者应当遵守《中华人民共和国农产品质量安全法》等有关法律法规，对所生产的蜂产品质量安全负责。

养蜂者应当按照国家相关规定正确使用生产投入品，不得在蜂产品中添加任何物质。

第十一条　登记备案的养蜂者应当建立养殖档案及养蜂日志，载明以下内容：

(一)蜂群的品种、数量、来源；

(二)检疫、消毒情况；

(三)饲料、兽药等投入品来源、名称，使用对象、时间和剂量；

(四)蜂群发病、死亡、无害化处理情况；

(五)蜂产品生产销售情况。

第十二条　养蜂者到达蜜粉源植物种植区放蜂时，应当告知周边3 000 m以内的村级组织或管理单位。接到放蜂通知的组织和单位应当以适当方式及时公告。在放蜂区种植蜜粉源植物的单位和个人,应当避免在盛花期施用农药。确需施用农药的,应当选用对蜜蜂低毒的农药品种。

种植蜜粉源植物的单位和个人应当在施用农药3日前告知所在地及邻近3 000 m以内的养蜂者,使用航空器喷施农药的单位和个人应当在作业5日前告知作业区及周边5 000 m以内的养蜂者,防止对蜜蜂造成危害。

养蜂者接到农药施用作业通知后应当相互告知,及时采取安全防范措施。

第十三条　各级养蜂主管部门应当鼓励、支持养蜂者与蜂产品收购单位、个人建立长期稳定的购销关系,实行蜂产品优质优价、公平交易,维护养蜂者的合法权益。

第三章　转地放蜂

第十四条　主要蜜粉源地县级人民政府养蜂主管部门应当会同蜂业行业协会,每年发布蜜粉源分布、放蜂场地、载蜂量等动态信息,公布联系电话,协助转地放蜂者安排放蜂场地。

第十五条　养蜂者应当持《养蜂证》到蜜粉源地的养蜂主管部门或蜂业行业协会联系落实放蜂场地。

转地放蜂的蜂场原则上应当间距1 000 m以上,并与居民区、道路等保持适当距离。

转地放蜂者应当服从场地安排,不得强行争占场地,并遵守当地习俗。

第十六条　转地放蜂者不得进入省级以上人民政府养蜂主管部门依法确立的蜜蜂遗传资源保护区、保种场及种蜂场的种蜂隔离交尾场等区域放蜂。

第十七条　养蜂主管部门应当协助有关部门和司法机关,及时处理偷蜂、毒害蜂群等破坏养蜂案件、涉蜂运输事故以及有关纠纷,必要时可以应当事人请求或司法机关要求,组织进行蜜蜂损失技术鉴定,出具技术鉴定书。

第十八条　除国家明文规定的收费项目外,养蜂者有权拒绝任何形式的乱收费、乱罚款和乱摊派等行为,并向有关部门举报。

第四章　蜂群疫病防控

第十九条　蜂群自原驻地和最远蜜粉源地起运前,养蜂者应当提前3天向当地动物卫生监督机构申报检疫。经检疫合格的,方可起运。

第二十条　养蜂者发现蜂群患有列入检疫对象的蜂病时,应当依法向所在地兽医主管部门、动物卫生监督机构或者动物疫病预防控制机构报告,并就地隔离防治,避免疫情扩散。

未经治愈的蜂群,禁止转地、出售和生产蜂产品。

第二十一条　养蜂者应当按照国家相关规定,正确使用兽药,严格控制使用剂量,执行休药期制度。

第二十二条　巢础等养蜂机具设备的生产经营和使用,应当符合国家标准及有关规定。

禁止使用对蜂群有害和污染蜂产品的材料制作养蜂器具,或在制作过程中添加任何药物。

第五章　附　则

第二十三条　本办法所称蜂产品,是指蜂群生产的未经加工的蜂蜜、蜂王浆、蜂胶、蜂花粉、蜂毒、蜂蜡、蜂幼虫、蜂蛹等。

第二十四条　违反本办法规定的,依照有关法律、行政法规的规定进行处罚。

第二十五条　本办法自2012年2月1日起施行。

农业部办公厅关于做好养蜂证发放工作的通知

各省、自治区、直辖市畜牧兽医（农业、农牧）厅（局、委、办），新疆生产建设兵团畜牧兽医局：

根据我部颁发的《养蜂管理办法（试行）》（农业部公告第 1692 号）第八条规定，养蜂者可以自愿向县级人民政府养蜂主管部门登记备案，免费领取《养蜂证》，《养蜂证》格式由农业部统一制定。近期，我部组织设计了《养蜂证》样式及要求，现印发给你们，请抓紧组织做好《养蜂证》印制和发放工作。

附件：《养蜂证》样式及要求

2012 年 2 月 20 日

附件：

《养蜂证》样式及要求

一、《养蜂证》样式

封面

第 1 页　　第 2 页

养　蜂　证

照　片
（一寸）

发证单位	
编　号	
发证日期	年　月　日
有效期	至　年　月　日

第 3 页

场主姓名		性 别	
年 龄		民 族	
身份证号			
通讯地址			
联系电话			
蜂场名称			
蜂群数量			
辅助人员	姓 名	性 别	年 龄

第 4 页

养蜂管理办法(试行)摘录

第八条　养蜂者可以自愿向县级人民政府养蜂主管部门登记备案，免费领取《养蜂证》享受技术培训等服务。

《养蜂证》有效期 3 年，格式由农业部统一制定。

第十条　养蜂者应当遵守《中华人民共和国农产品质量安全法》等有关法律法规，对所生产的蜂产品质量安全负责。

养蜂者应当按照国家相关规定正确使用生产投入品，不得在蜂产品中添加任何物质。

第十一条　登记备案的养蜂者应当建立养殖档案及养蜂日志，载明以下内容：

(一)蜂群的品种、数量、来源；

(二)检疫、消毒情况；

(三)饲料、兽药等投入品来源、名称，

第 5 页

使用对象、时间和剂量；

(四)蜂群发病、死亡、无害化处理情况；

(五)蜂产品生产销售情况。

第十二条　在放蜂区种植蜜粉源植物的组织和个人，应当避免在盛花期施用农药。确需施用农药的，应当选用对蜜蜂低毒的农药品种，防止对蜜蜂造成危害。

使用航空器喷施农药或开展地面统一喷药防治面积超过 500 亩以上的单位和个人，应当在作业前 3 日告知作业区及其周边 2 000 m 内的养蜂者。

养蜂者到达蜜粉源植物种植区放蜂时，应当知会方圆 2 000 m 以内的村级行政组织或属地管理单位。养蜂者接到防治作业通知后应当及时采取相应防范措施。

第十五条　养蜂者应当持《养蜂证》到蜜粉源地的养蜂主管部门或蜂业行业协会联系落实放蜂场地。

第 6 页

注意事项

一、此证为养蜂证件，不作他用。由当地养蜂主管部门核发，盖章后生效，并登记造册。

二、此证只限本人使用，不得抵押、涂改或转借他人。若遗失，及时向发证部门申请补发。

三、养蜂人员应遵纪守法，遵守《养蜂管理办法》，生产优质蜂产品，严禁掺杂使假，为发展我国养蜂事业贡献力量。

转地放蜂的蜂场原则上应当间距1 000 m以上，并与居民区、道路等保持适当距离。

转地放蜂者应当服从场地安排，不得强行争占场地，并遵守当地习俗。

第十九条　蜂群自原驻地和最远蜜粉源地起运前，养蜂者应当提前3天向当地动物卫生监督机构申报检疫。经检疫合格的，方可起运。

第二十条　养蜂者发现蜂群患有列入检疫对象的蜂病时，应当依法向所在地兽医主管部门、动物卫生监督机构或者动物疫病预防控制机构报告，并就地隔离防治，避免疫情扩散。

未经治愈的蜂群，禁止转地、出售和生产蜂产品。

注：《养蜂证》分封皮和内页两部分。内页共6页，采用正反两面印刷。

二、《养蜂证》规格说明

页码	文字格式	规格
封面	文字为6号小标宋，烫金；底色为咖啡色(参考颜色R117、G5、B12或C51、M100、Y100、K34)	成品高10 cm，宽15 cm，塑料材质
第一页	“养蜂证”为2号小标宋；“照片”为4号仿宋，方框高3.5 cm，宽2.5 cm；“发证单位”等为5号宋体，表格单行高0.6 cm，宽1.9 cm+4.1 cm，整体高2.4 cm，宽6 cm；上边缘与标题间距1.1 cm，标题与照片方框间距0.5 cm，照片方框与其下边表格间距0.6 cm	成品高9.5 cm，宽度依据制作实际自行调整
第二页	全部为5号宋体；表格单行高0.7 cm；表格整体高8.4 cm，宽6 cm；从上到下表格宽度分别为1.7 cm+1.7 cm+1.3 cm+1.3 cm，1.7 cm+4.3 cm，1 cm+1.8 cm+1.6 cm+1.6 cm	

（续表）

页码	文字格式	规格
第三页	标题文字为小 4 号小标宋；正文为小 5 号宋体；“第几条”为小 5 号黑体；方框上线与标题间距 0.7 cm，标题与正文间距 0.5 cm；方框高 8.5 cm，宽 6 cm	
第四、五页	文字为小 5 号宋体；“第几条”为小 5 号黑体；方框高 8.5 cm，宽 6 cm	成品高 9.5 cm，宽度依据制作实际自行调整
第六页	标题文字为小 4 号小标宋；正文为小 5 号宋体；上边缘与标题间距 1.5 cm，标题与正文间距 0.5 cm	

农业部办公厅
关于促进发展养蜂业机械化的通知

各省、自治区、直辖市及计划单列市农机、畜牧（农业、农牧）局（厅、委、办），新疆生产建设兵团农业局、畜牧兽医局，黑龙江省农垦总局：

养蜂业是现代农业的重要组成部分，对促进农民增收、提高农作物产量、维持生态平衡具有重要意义。当前，劳动力成本不断上涨，蜂农收入低，养蜂条件艰苦、设施落后、劳动强度大，迫切需要提高机械化水平。为贯彻落实《全国养蜂业“十二五”发展规划》，提升养蜂业机械化水平，促进养蜂业持续健康稳定发展，现将有关事项通知如下。

一、积极支持鼓励先进养蜂机械的研发推广

我国养蜂业属于劳动密集型产业，蜂场规模小，主要原因之一是养蜂机具研发滞后，先进、适用、安全、可靠的机具供给不足，机械化生产水平与国外相比差距较大。各地农机化主管部门要增强使命感、责任感，主动与畜牧业主管部门沟通协调，联合开展养蜂业机械化调研，切实了解养蜂业对机械化技术的需求；充分利用现有科研支持渠道，积极争取科研投入，为研发机具和技术提供支持；发挥科研院所、大型农机生产企业技术优势，采取引进和自主创新相结合的方法，促进联合攻关，加快养蜂机具研发。要加强对农业机械鉴定机构的指导，主动创造条件对已有和新研发的养蜂机具开展农业机械推广鉴定，将符合先进性、适用性、安全性、可靠性要求的养蜂机械尽快列入支持推广的农业机械产品目录，促进养蜂机具推广应用。

二、进一步加大对养蜂业机械的补贴力度

农业部已将养蜂专用平台（包括蜜蜂踏板、蜂箱保湿装置、蜜蜂饲喂装置、电动摇蜜机、电动取浆器、花粉干燥箱）纳入了农业机械购置补贴范围。各地农机化主管部门要进一步提高对养蜂产业重要性的认识，加大养蜂业机械化的支持力度，在确保公开公平公正和廉洁实施的基础上，科学合理地测算确定养蜂业机具的补贴额，对农民购置养蜂机具要优先安排。

三、继续加强养蜂业机械化的宣传服务

各地农机化主管部门要会同畜牧业主管部门采取得力措施，做好宣传服务工作。要充分利用电视、广播、网络、画册等媒体，运用示范观摩、技术培训、进村入户等形式，广泛开展养蜂业机械化扶持政策和先进技术等方面的信息宣传，组织企业提供养蜂业机具的技术服务，引导蜂农加快应用养蜂机械化先进技术，扩大养蜂机械装备应用范围，提升我国养蜂业机械化装备技术支撑水平，为养蜂业持续健康稳定发展做出积极贡献。

2013 年 5 月 29 日

农业部办公厅　财政部办公厅
关于做好 2016 年现代农业生产发展等
项目实施工作的通知(节选)

农办财〔2016〕40 号

各有关省、自治区、直辖市及计划单列市农业(农牧、农村经济)、畜牧、兽医、渔业厅(委、局、办)、财政厅(局),新疆生产建设兵团农业局、财务局,黑龙江省农垦总局、广东省农垦总局,农业部有关部属单位:

近期,2016 年中央财政现代农业生产发展资金、农业技术推广与服务补助资金、农业资源及生态保护补助资金、动物防疫补助资金即将下达地方。为确保政策落实和项目实施,切实提高资金使用效益,现将有关事项通知如下。

一、关于实施好现代农业生产发展项目

(一)做好畜禽良种繁育工作

畜禽良种是现代畜牧业生产的基础。2016 年,继续支持生猪、奶牛、肉牛、羊、牦牛良种更新和奶牛胚胎引进,具体要求按照农办财〔2014〕60 号和农办财〔2015〕8 号文件执行,各省可综合考虑本地精液或种畜市场价格等因素,对补贴标准进行适当调整,并根据当地能繁母畜存栏等情况,合理安排分畜种补贴任务,2015 年结转资金要尽快使用完毕。启动肉牛胚胎、优秀种猪、蜜蜂良种补贴试点。肉牛胚胎补贴,主要是对经农业部批准从国外引进优质胚胎的种公牛站给予补贴。优秀种猪补贴,选择河北、山东、湖南三省开展试点,补贴对象为从国家生猪核心育种场购买优秀种猪的种猪场(含种公猪站),补贴品种为杜洛克、长白、大约克夏三类,优秀种公猪、种母猪的综合选择指数应分别大于等于 115、105,其中杜洛克猪的综合选择指数采用父系指数值,长白、大约克夏的综合选择指数采用母系指数值，核心育种场种猪综合选择指数由全国种猪遗传评估中心统一公布，每头优秀种公猪补贴 2 000 元、种母猪补贴 1 000 元。蜜蜂良种补贴在山东省开展试点，对养蜂场户购买优秀蜂王给予适当补贴，提高养蜂业良种化水平。具体补贴对象、标准由山东省结合实际研究确定。

山东省人民政府办公厅
关于印发蜂业、烟叶、茶叶、桑蚕、中药材
5 个特色产业发展规划的通知

鲁政办发〔2014〕3 号

各市人民政府，各县（市、区）人民政府，省政府各部门、各直属机构，各大企业，各高等院校：

为加快发展品牌特色农业，提升现代农业发展水平，促进我省农业转型升级和农业增效、农民增收，经省政府同意，现将《山东省蜂业发展规划（2014—2020 年）》、《山东省烟叶产业发展规划（2014—2020 年）》、《山东省茶叶产业发展规划（2014—2020 年）》、《山东省桑蚕产业发展规划（2014—2020 年）》、《山东省中药材产业发展规划（2014—2020 年）》印发给你们，请认真组织实施。

一、统一思想认识。发展品牌特色农业，是加快转变农业发展方式、提升农业质量和效益的客观需要，对提高农产品市场竞争力、增创山东农业发展新优势、促进农业增效和农民持续增收具有重要意义。山东发展蜂业、烟叶、茶叶、桑蚕、中药材 5 个特色产业，既有现实基础，又有优势条件和良好前景。要把实施 5 个特色产业发展规划作为我省新一轮农业转型升级的切入点和突破口，进一步增强加快发展的自觉性和主动性。

二、坚持正确导向。以党的十八大和十八届二中、三中全会精神以及习近平总书记视察山东重要讲话精神为指导，认真落实一

系列强农惠农富农政策，突出高产、优质、高效、生态、安全发展理念，彰显产业特色，强化科技支撑，创新发展机制，充分发挥市场在资源配置中的决定性作用，确保实现产业发展预期目标。

三、强化政策扶持。各级、各有关部门特别是主产区政府要切实加大投入力度，增加和整合扶持资金，重点支持5个特色产业规模化经营、良种繁育、科技创新与推广、示范园区建设、特色产品和品牌培育等。要积极探索建立市场引导、政府推动、多元投入、社会参与的投融资机制，为产业发展提供资金保障。

四、加强组织领导。各级、各有关部门要切实加强组织领导，建立协调推进机制，统筹推进5个特色产业发展规划的组织实施。要完善5个特色产业发展指标体系，建立健全考核机制，并纳入主产区政府现代农业发展考核体系。各级特别是主产区政府要把5个特色产业发展摆到更加突出的位置，因地制宜制定本地区的农业特色产业发展规划，进一步明确目标任务，突出发展重点，强化工作措施。省级各行业主管部门、单位要在特色产业发展规划的基础上，加快编制5个特色产业发展规划实施方案，对目标任务、规划布局、政策措施、组织实施等进一步细化，确保5个特色产业发展取得实效。

山东省人民政府办公厅

2014年1月27日

山东省蜂业发展规划(2014—2020年)

为加快我省蜂业发展，促进农业增效和农民增收，实现由养蜂大省向养蜂强省转变，制定本规划。

一、发展现状

(一)发展概况

1.蜜粉资源丰富。我省地处我国南北气候过渡带，属于暖温带半湿润季风气候区，气候温和，四季分明，较华北平原其他地区温暖湿润。蜜粉源植物丰富，多达220余种，物候期自西南向东相差7～14天。蜜粉源植物主要有刺槐、荆条、枣树、泡桐、苹果、玉米、棉花等。其中，刺槐330万亩、果树900万亩（其中苹果400万亩、枣树55万亩）、玉米4 000万亩、棉花1 000万亩、蔬菜3 000万亩。全省除11月至翌年2月无蜜粉源外，其他月份均有蜜粉源。5月初至5月底的刺槐花期、5月中旬至6月下旬的枣花期、6月中旬至7月下旬的荆条花期，为我省的流蜜盛期。可载蜂量200万群以上，发展蜂业的自然条件优势得天独厚、潜力巨大。

2.产业链较完善。经过多年发展，我省逐渐形成了包括蜂业养殖、产品加工、机具生产、授粉应用在内的较完整的产业链。据统计，2012年，全省蜂群存养量35万群，客蜂50万群，蜂蜜、蜂王浆产量分别约为20 000吨、150吨，蜂产品产值约6亿元；全省蜂蜜、蜂王浆年加工贸易量分别达到35 000吨和500吨。2012年，山东华康蜂业有限公司蜂蜜出口13 000吨，占全国蜂蜜出口量的10%以上。利用壁蜂、蜜蜂为苹果、梨、桃等果园授粉面积500多万亩，占果园总面积的60%以上。

3.组织化程度较高。目前，全省年销售额过千万元的蜂产品加工企业达到10余家，60多家蜂产品企业通过认证（企业食品生产许可）。成立省级蜂业协会1个、市级和县级蜂业协会12个，发展养蜂合作社100多个、社员1 600多户；全省蜂业从业人员（含加工企业职工）20 000余人，逐步形成了龙头企业带动养蜂专业合作社和养蜂基地、企业与蜂农互促共赢的产业化发展格局。

4.支撑体系较强。近几年，我省在蜜蜂良种繁育推广、蜂业人才培养、技术研发及蜜蜂授粉技术普及等方面取得了一定进展，蜂业支撑服务体系不断完善。2008年，成立了山东省蜂业良种繁育推广中心、山东省蜂业与蜂产品质量检验所。我省拥有国家蜂产业技术体系岗位专家1人，综合试验站1个。尤其在机械化装备研发方面居全国领先水平，由东营市蜜蜂研究所与五征集团联合研制的全国首款养蜂移动平台，是我国养蜂业迈向机械化的关键一步，它集养蜂生产、蜂群运输、蜂产品初加工等功能于一体，专门配备小房、视屏等休闲娱乐设施，改善了养蜂人的生产生活条件，提高了养蜂的经济效益。2013 年，2 款养蜂移动平台（养蜂车）列入了山东省农机补贴产品目录。

（二）重大意义

蜂业是生态农业和设施农业的重要组成部分，被誉为“健康产业”“空中农业”，既不与养殖业争饲料，又不与种植业争水土，仅利用自然界中的百花资源，便可获得蜂蜜、蜂王浆、蜂胶等十多种蜂产品。这些产品既是良好的保健医疗食品，又是重要的工业原料。蜂业具有投资少、见效快、回报率高等特点，对维护生态平衡、保障人类健康、促进农业增产和农民增收具有重大意义。

1. 促进农业增产需要大力发展养蜂业。农业安天下，粮食保民生，促进农业增产、维护粮食安全是我国经济社会发展的重中之重。蜜蜂被誉为“月下老人”，蜜蜂授粉可以显著提高农作物产量和品质，并间接影响畜牧业的发展，其经济价值远大于蜂产品本身。根据 1981 年美国农业机构的统计，蜜蜂授粉对农业的增产效益是蜂产品价值的 100 余倍，按照此标准测算，蜜蜂授粉带给我省农作物的增产效益约 600 亿元。蜜蜂授粉是一项既不需要扩大耕种面积，又不需要增加设施投资的增产措施，早已引起世界性广泛重视，许多农业发达国家将其作为一个特色产业纳入政策扶持。我省农业资源开发利用强度大，生产要素和资源环境有限，而通过蜜蜂授粉促进农业增产的空间很大。

2. 满足消费需求需要大力发展养蜂业。蜂产品是传统的保健产品、绿色天然食品，对保障人体健康有重要作用。随着人民生活水平的提高，追求天然保健食品成为趋势，蜂产品市场方兴未艾。2011 年我国人均蜂蜜消费量为 245 克，而美国人均蜂蜜消费量为 500 克，德国人均蜂蜜消费量为 1 000 克，因此蜂产品市场发展潜力巨大。

3.维护生态和谐需要大力发展养蜂业。世界上约有16万种由昆虫授粉的显花植物，其中依靠蜜蜂授粉的占85%。蜜蜂授粉能够帮助植物顺利繁育，增加种子数量和活力，从而修复植被，改善生态环境。随着现代农业的迅猛发展，化肥、农药和生长激素的滥用导致农业生态系统受到破坏，蜜蜂授粉对保护生态环境的重要作用更加凸显。因此，大力发展养蜂业是建设生态山东、美丽山东的客观要求。

（三）存在问题

我省是养蜂大省，但向养蜂强省转变还存在一些亟待解决的困难和问题，主要表现在：

1.重视程度不够。长期以来，人们只把养蜂业作为副业，既没有充分认识到蜂产品对人类健康的作用，更没有认识到蜜蜂授粉对农业增产的重要性。蜂业发展缺乏规划引导和资金支持，养蜂业基本处于自发状态，组织管理、技术推广、生产服务、产销衔接等相对滞后。

2.层次水平不高。全省蜂业发展规模偏小，蜜蜂饲养数量仅占全国860万群的4%，户均养蜂规模只有70群左右，养蜂生产的机械化、标准化、良种化和规模化水平较低，品牌带动效应较弱。蜜蜂种质资源保护利用不够，良种覆盖率较低。蜜蜂为农作物授粉的覆盖率较低，对农业的提质增效功能尚未充分发挥。

3.发展环境堪忧。农药、大气、水质等污染直接导致蜜粉资源减少，生产环境日益严峻。蜂产品质量安全监管乏力，产品品质良莠不齐，行业信誉屡受打击，市场竞争力整体较差。因放蜂引发的伤害蜂农事件屡有发生，养蜂者的合法权益难以保障。

二、指导思想、基本原则和发展目标

（一）指导思想

以党的十八大和十八届二中、三中全会精神以及习近平总书记视察山东重要讲话精神为指导，坚持高产、优质、高效、生态、安全的蜂业发展理念，以提高养蜂生产能力和推广普及蜜蜂、壁蜂授粉增产技术为重点，转变蜂业生产方式，优化区域布局，着力提升蜂业标准化、组织化和产业化发展水平，建立和完善蜂产品质量监管体系，努力推动我省蜂业又好又快发展。

（二）基本原则

1.坚持规模扩张与重点突破相结合。在不断扩大蜜蜂饲养量的同时，因地制宜选择养蜂生产方式，努力在蜜蜂标准化、机械化养殖和蜂产品质量安全方面实现重点突破，不断提高养蜂效益。

2.坚持发展生产与扩大授粉相结合。既重视蜜源的有效开发利用，又注重发挥蜜蜂、壁蜂授粉对农业增产的促进作用；既重视蜂群数量的扩张，又考虑到农业发展对蜂业布局的客观要求。

3.坚持技术创新与体制创新相结合。加强科技研发，积极推进成果转化，充分发挥科技对蜂业发展的支撑作用；支持养蜂合作社发展，建立健全充满活力的现代蜂业管理体制和运行机制。

4.坚持市场导向与政府推动相结合。充分发挥市场机制在各类资源配置中的决定性作用，强化政府对蜂业的指导、管理和服务，保障蜂业健康发展。

（三）发展目标

1.生产能力稳步提高。到2020年，全省蜂群数量达到50万群，其中西方蜜蜂48万群，中华蜜蜂2万群；年繁殖壁蜂8亿只，苹果、梨、桃等果园壁蜂授粉面积达到70%以上。年产蜂蜜40 000吨，蜂王浆300吨，蜂产品产值12亿元以上。生产的蜂蜜50%以上为成熟蜜，蜂王浆质量100%达到国家标准，蜂产品质量合格率达80%以上。培育1～2个西方蜜蜂抗病高产配套系，蜜蜂良种覆盖率达90%以上。

2.产业化水平明显提升。推行标准化、机械化、规模化养殖，建设蜜蜂壁蜂授粉、养蜂生产、蜂产品加工出口、优质蜜源四大优势区域，逐步形成布局合理、养殖规范、加工带动有力的产业体系。

到2020年，120群以上的规模蜂场由目前比重不足30%提高到60%。

3.授粉技术加快普及。到2020年，建设35个专业授粉示范蜂场，蜜蜂为农作物授粉覆盖率达到70%以上，增产效益1 000亿元以上，初步实现蜜蜂授粉产业化。

三、区域布局与发展重点

（一）区域布局

根据我省各地蜜粉源植物丰富程度、地理生态、养蜂生产状况及蜂产品企业分布，全省蜂业可划分为蜜蜂壁蜂授粉、养蜂生产、蜂产品加工出口、优质蜜源四大优势区域。

1.蜜蜂、壁蜂授粉优势区。该区包括烟台、青岛、潍坊、日照和淄博，是果品和蔬菜生产集中区域，目前苹果种植面积400余万亩，草莓种植面积20多万亩，大樱桃种植面积25万亩左右。2012年本区西方蜜蜂存养量9万群，约占全省总量的25%；壁蜂5亿只左右，约占全省总量的80%。立足本区域丰富的果蔬资源优势和农民浓厚的蜜蜂、壁蜂授粉意识，建立蜜蜂、壁蜂授粉示范基地，蜜蜂、壁蜂为果蔬授粉覆盖率达80%以上。

2.养蜂生产优势区。该区包括临沂、潍坊、泰安、淄博、日照和济宁，是传统的养蜂生产区域，地质、地貌及气候多样性使得植物分布多样化，蜜粉源植物丰富，养蜂业相对发达。2012年本区蜂群存养量25万群，约占全省总量的70%。立足本区域发展养蜂生产的传统优势，扩大蜜蜂饲养量，力争2020年蜂群存养量达到35万群。

3.蜂产品加工出口优势区。该区包括日照、潍坊、济南和枣庄，区内蜂产品企业相对集中，蜂蜜、蜂王浆年加工贸易量约28 000吨和400吨，均占全省总量的80%以上。立足本区域雄厚的加工出口基础，实施品牌带动战略，建立严格的质量监管和追溯体系，重点培育壮大4个蜂产品龙头企业（每个市培育1个），辐射带动8个优质蜂产品生产基地。

4.沿黄地区优质蜜源优势区。该区包括沿黄地区的菏泽、聊城、德州、滨州和东营，刺槐和枣树的栽植量均占全省的50%以上，一直是我省优质刺槐蜜、优质枣花蜜的生产地区。立足沿黄地区丰富的刺槐和枣树资源优势，在该区域建设10个优质刺槐蜜和优质枣花蜜生产基地（每个市建设2个）。同时，在适宜区域扩大刺槐、枣树种植面积，形成蜜源与蜂业良性发展的格局。

（二）发展重点

1.推行蜜蜂标准化、机械化养殖。规范养蜂场布局，推行养蜂生产各环节的标准化操作，实施蜂产品安全生产规程，提倡饲养强群，加强疫病防控，建立健全养殖档案和养蜂日志。扶持养蜂机械研发与生产，提高养蜂的机械化水平。在养蜂生产优势区建设30个标准化机械化养蜂示范场（临沂、潍坊、泰安、淄博、日照和济宁各5个），在沿黄地区优质蜜源优势区建设15个标准化机械化养蜂示范场（菏泽、聊城、德州、滨州和东营各3个），所生产的蜂蜜和蜂王浆全部达到国家标准。

2.提高蜂业组织化程度。建立健全市、县级蜂业协会组织，加强行业主管部门对蜂业优势区域的管理力度。规范壮大养蜂专业合作社，在淄博、东营、潍坊、济宁、泰安、临沂、德州、聊城、滨州和菏泽等支持建设20个养蜂生产示范合作社（每个市建设2个）；在蜜蜂、壁蜂授粉优势区支持建设5个蜜蜂授粉示范合作社（烟台、青岛、潍坊、日照和淄博各1个）。努力形成以蜂农为基础、专业合作社为依托、蜂产品企业为龙头的蜂业产业化经营方式。

3.推广普及蜜蜂授粉增产技术。加大蜜蜂、壁蜂为农作物授粉增产技术的普及推广，开展授粉增产示范活动，在蜜蜂、壁蜂授粉优势区和养蜂生产优势区建立11个蜜蜂授粉示范基地（烟台、青岛、潍坊各2个，临沂、泰安、淄博、日照和济宁各1个），建设35个专业授粉示范蜂场（烟台、青岛、潍坊、临沂、泰安、淄博和济宁每个市3个，全省其他各市每市1～2个）。

4.建立健全蜜蜂良种繁育推广体系。重点强化山东省蜂业良种繁育推广中心职能，完善提升5～6个种蜂场的育种条件，保障优质种蜂王供应，提高蜜蜂良种化水平；加强中华蜜蜂种质资源保护利用，建设5个中华蜜蜂种质资源保护区，建设1个中华蜜蜂种质资源基因库。

5.完善蜂产品质量保障体系。严格蜂药、蜂饲料等投入品使用管理，严把蜂产品原料、生产和检验关。完善蜂产品质量安全检测、监管、信息发布和质量追溯体系，建立蜂产品企业质量信用评估制度，提升蜂产品质量安全水平。

6.加强省级信息化平台建设。充分发挥互联网技术在行业管理中的作用，逐步建立起集蜜源植物、蜂群分布、企业信息、市场咨询、监督检验和品牌推介等为一体的省级蜂业数字化信息平台，为行业管理和技术指导提供支撑，加快推进我省蜂业的标准化、机械化和信息化发展。

四、政策措施

（一）切实加强组织领导。建立蜂业产业发展协调推进机制，畜牧、发展改革、财政、林业、农业、科技、工商、金融、质检等部门参加，研究制定政策措施，统筹协调蜂业发展规划的组织实施。畜牧部门要充分发挥主管部门职能，负责牵头协调，并切实加强对蜂业发展的指导和总体管理。林业部门负责抓好蜜粉源植物基地建设，协调提供放蜂场地。农业部门负责抓好蜜蜂和壁蜂授粉增产措施的组织实施，努力减少化学农药对蜂业的影响。发展改革、财政部门要加大基建资金和财政资金对蜂业发展的支持力度，做好项目实施和资金监督管理工作。科技部门要努力改善蜂业发展科技创新条件，提升科技支撑能力。其他相关部门也要根据各自职能范围，加强对蜂业发展的支持力度。建立健全蜂业发展指标考核体系，并将考核结果纳入各主产区政府现代农业发展考核体系。省政府有关部门要制定全省蜂业发展绩效考评办法，并将绩效考评结果作为省级选择扶持项目的重要依据。

（二）加大政策扶持力度。依托山东省蜂业信息网和山东省优质蜂产品推介中心，加快信息软件开发和短信平台建设的步伐，支持建设省级蜂业数字化信息平台。以规模化蜂场建设、养蜂机械设备购置、蜜蜂授粉、蜜蜂良种培育、合作社发展等方面为重点，加大资金扶持力度，积极引导社会资本投入，形成多元化投入机制。按照“渠道不变、性质不变、集中投向、提高效益”的原则，积极整合现代农业发展、特色产业发展、良种工程、科技推广、标准化示范创建、动物疫病防控等相关资金，适当向蜂业倾斜，发挥资金规模效应。将蜂业和蜜蜂良种选育推广纳入山东省特色畜牧业重点产业和山东省农业良种化工程，加强资源保护和利用工作，支持建设中华蜜蜂保护区和保种场。扶持蜂业龙头企业改善生产和技术条件，提高精深加工水平，增强市场竞争力。制定完善蜂产品优质优价收购政策，尽快出台成熟蜜地方标准，鼓励蜂农从事成熟蜜生产，树立山东蜂产品良好形象。鼓励和支持保险机构开发适合蜂业生产的保险产品，降低蜂农生产经营风险。加大对养蜂移动平台的补贴力度，积极探索改进财政补贴的手段，提高蜂业生产机械化水平。完善奖励扶持机制，综合运用财政补贴、贷款贴息、项目补助等方式，推进规划组织实施，促进产业稳步发展。

（三）转变蜂业发展方式。通过示范、扶持、服务、监管等措施，加快培育龙头企业、养蜂大户、专业合作社、行业协会、中介组织、供销社等新型经营主体和新型经济合作组织，建立“公司＋基地＋农户”“公司＋合作社”等蜂业产业化经营模式，进一步完善双方发展保障和利益分配机制。到2020年，力争使85％的养蜂场（户）纳入产业化经营体系。鼓励和支持工商业资本进入养蜂业或从事蜂产品加工，与养蜂户及专业合作社建立稳固的利益联结机制，提升带动发展能力。通过加强政府扶持、鼓励联合兼并、支持产品开发、引导企业上市等措施，做大做强蜂业龙头企业，支持企业开展连锁经营、产销直挂、农超对接，不断延伸产业链条，增强市场竞争力。大力发展养蜂大户等新型蜂业经营主体，积极开展从业者职业技能鉴定，加快培育新型职业蜂农队伍；综合运用技术培训、示范带动、标准化生产、机械化装备等多种措施，改善蜂农的生产生活条件，吸引更多高素质、高技能人才加入，增强蜂业发展活力。引导和支持蜂农建立合作社，拓展合作社服务功能，规范运行方式，提高标准化集约化养蜂水平。充分发挥行业协会熟悉行业、贴近企业的优势，加强和改进行业管理，在联系政府、服务行业、规范生产、培训蜂农、品牌推介、促进行业自律、推动行业交流等方面发挥更大作用。充分发挥供销社联系农民、熟悉市场的综合优势，引导有条件的供销社积极参与蜂业产业化经营，为生产者提供全方位服务，把更多的利润返还给农民。

（四）强化科技创新支撑。加强蜂业基础研究和关键技术研发，紧紧围绕制约蜂业发展的技术瓶颈问题展开科技攻关，重点在蜜蜂饲养、蜂机具研发、病虫害防治、授粉增产技术、蜂产品研发、良种繁育推广、蜂产品质量控制等领域进行科研与技术推广，争取实现较大突破。在实施重大科技专项、协同创新工程、农业科技成果转化等项目时，向蜂业适当倾斜。推进产学研有机结合，加强先进适用技术的推广，加速蜂业科技成果转化步伐。加强蜂业科技人才的培养，建立蜂业从业人员定期培训制度，每年培训蜂农 3 000 人次以上。

（五）加强舆论宣传引导。各级、各有关部门要利用各种形式，广泛宣传发动，充分调动群众的养蜂积极性。大力宣传蜜蜂、壁蜂授粉对农作物增产和促进生态农业发展的意义，大力宣传蜂产品对人类健康的作用，大力宣传蜜蜂文化，使蜂业的经济、生态和人文效益为社会所认同，努力营造“小蜜蜂、大产业”的良好氛围。

关于印发《山东省蜂产业转型升级实施方案》的通知

鲁牧计财发〔2016〕3 号

各市畜牧兽医局、发展改革委、科技局、财政局、国土资源局、农业局、林业局、环保局：

为深入贯彻习近平总书记视察山东重要讲话和对山东“三农”工作重要指示精神，根据省委、省政府统一安排部署，省畜牧兽医局、省发展改革委、省科技厅、省财政厅、省国土资源厅、省农业厅、省林业厅、省环保厅联合编制了《山东省蜂产业转型升级实施方案》。经省政府同意，现印发给你们，请结合本地实际，认真遵守执行。

山东省畜牧兽医局　山东省发展和改革委员会
山东省科学技术厅　山东省财政厅
山东省国土资源厅　山东省农业厅
山东省林业厅　山东省环境保护厅
2016 年 1 月 25 日

山东省蜂产业转型升级实施方案

蜂产业是我省品牌特色农业产业之一，为提升我省蜂产业发展水平，制定本方案。

一、行业发展现状

(一)取得的成效

1. 规模与效益居于全国中上游。2014 年我省蜜蜂存养量 40.3 万群，占全国总养量的 4.7%；蜂蜜产量 1.41 万吨，占全国总产量的3.1%；蜂产品产值约6亿元，占全国总产值的3%；蜂蜜加工出口量1.7万吨，占全国总出口量的13.1%；出口金额3 941万美元，占全国总出口金额的15.2%。

表1　2001～2013年我国蜂蜜产量及出口与内销比例变化情况

时间（年）	我国蜂蜜总产量（万吨）	出口数量（万吨）	所点比例（%）	内销蜂蜜数量（万吨）	所占比例（%）
2001	25.2	10.7	42.4	14.5	57.5
2002	26.5	7.6	28.67	18.9	71.33
2003	29.9	8.4	28.1	21.5	71.9
2004	29.3	8.2	28.0	21.1	72.0
2005	29.32	8.8	30.0	20.5	70.0
2006	33.3	8.1	24.3	25.2	75.7
2007	35.4	6.4	18.1	29.0	81.9
2008	40.0	8.5	21.25	31.5	78.75
2009	40.2	7.2	17.91	33.0	82.09
2010	40.1	10.1	25.1	30.0	74.9
2011	43.1	9.98	23.15	33.12	76.85
2012	44.8	11.0	24.55	33.8	75.45
2013	46.5	12.5	26.88	34.0	73.12

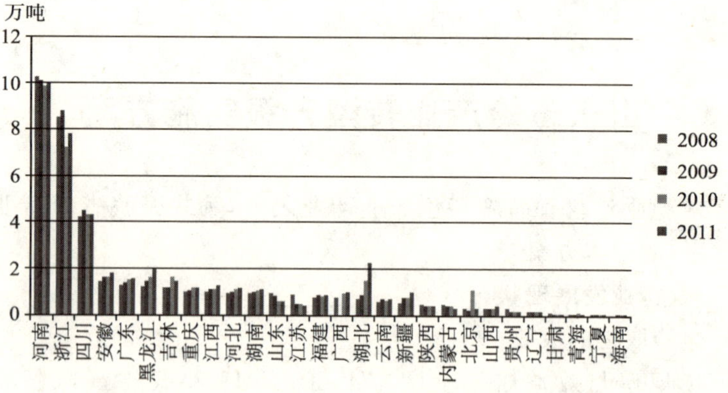

图1　2008～2011年全国各省蜂蜜产量统计

表 2　　2014 年蜂蜜出口前十位省市统计表

序号	出口省市	出口数量(吨)	出口金额(万美元)
1	安徽	25 204.2	4 641.2
2	湖北	24 321.3	4 886.9
3	浙江	22 111.4	4 287.8
4	山东	17 037.7	3 941.1
5	辽宁	10 453.5	1 835.8
6	江苏	10 002.1	1 911.2
7	上海	6 287.3	1 027.6
8	陕西	4 906.4	1 147.1
9	河南	3 172.2	659.0
10	宁夏	2 935.5	815.0
	其他	3 392.6	877.6

2. 蜜粉资源丰富。我省蜜粉源植物丰富，多达 220 余种，物候期自西南向东相差 7～14 天。蜜粉源植物主要有荆条、刺槐、枣树、泡桐、苹果、玉米、棉花等。其中，刺槐 330 万亩、果树 900 万亩(其中包括苹果 400 万亩、枣树 55 万亩等)、玉米 4 000 万亩、棉花 1 000 万亩、蔬菜 3 000 万亩。全省除 11 月至翌年 2 月无蜜粉源外，其他月份均有蜜粉源。

3. 产业链日趋完善。经过多年发展，我省逐渐形成了包括蜜蜂养殖、产品加工、机具生产、授粉应用在内的较完整的产业链。据统计，2014 年，全省境内蜂群放养量近 100 万群，全省蜂蜜、蜂王浆年加工贸易量分别达到 35 000 吨和 500 吨，分别占全国的 7.8% 和 16.7%。

4. 组织化程度较高。截至 2014 年底，全省年销售额过千万元的蜂产品加工企业达到 10 余家，60 多家蜂产品企业通过认证(企业食品质量生产许可)。目前全省省级蜂业协会 1 个、市级和县级蜂业协会 12 个，养蜂合作社 153 个、社员 1 600 多户；全省养蜂户 5 292 户，蜂业从业人员(含加工企业职工)2 万余人，逐步形成了龙头企业带动养蜂专业合作社和养蜂基地、企业与蜂农互促共赢的产业化发展格局。

5. 支撑体系较强。2008 年，成立了山东省蜂业良种繁育推广中心、山东省蜂业与蜂产品质量检验所。我省拥有国家蜂产业技术体系岗位专家 1 人，综合试验站 1 个。东营市蜜蜂研究所与五征集团联合研制的全国首款养蜂移动平台，集养蜂生产、蜂群运输、蜂产品初加工等功能于一体，改善了养蜂人的生产生活条件，提高了养蜂的经济效益。

6. 政府支持力度加强。近年来，省政府出台《山东省蜂业发展规划（2014—2020 年）》（鲁政办发〔2014〕3 号）等文件，通过特色产业项目县、财政支持技术推广、蜂产品质量检测、基础设施建设、信息化建设、职业技能培训、良种工程、科技研发等项目，逐步加大对我省蜂业发展的支持力度。从 2010 年开始，我省通过进行蜂蜜、蜂花粉及蜂王浆的抽检，实现了对蜂产品原料的质量监控。

（二）存在问题

1. 核心竞争力不强。全省蜂业发展规模偏小，蜜蜂饲养数量仅占全国 860 万群的 4.7%，户均养蜂规模只有 76.2 群，养蜂生产的机械化、规模化、标准化和良种化水平较低，蜂业核心技术缺乏，创新指数偏低，竞争力不强。

2. 利益分配不均衡。养殖者与加工者利益联结机制不够紧密，产销衔接相对滞后，产业聚集度不高，养殖环节利润偏低，单纯从事养蜂业缺乏可持续性和吸引力。

3. 现代化水平偏低。蜂业现代化设施设备研发缺失，装备水平较低，产业发展仍处于较低水平、粗放状态，致使蜂业的劳动强度较大，几十年没有根本性改变。尤其是蜂业信息化、智能化处于起步阶段，实现蜂业现代化发展目标仍任重道远。

4. 养蜂队伍老化严重。据 2014 年调查统计，我省 4 473 名一线养蜂从业人员的平均年龄已上升到 54.8 岁，其中 50 岁以上人员占 63.14%，30 岁以下的养蜂人员仅占 2.35%。蜂农老龄化严重，同时学历水平偏低。据统计，有学历的蜂农共 4 313 名，其中 4 164 名蜂农的学历集中在小学、初中和高中，所占比例达 96.42%；中专以上学历的蜂农仅 149 人，所占比例为 3.58%。知识更新缓慢，年轻、高学历人员比例较低，相对匮乏。

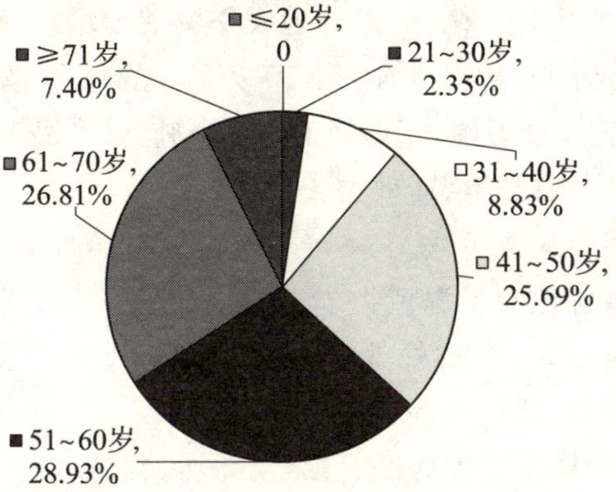

图 2　全省蜂农年龄结构图

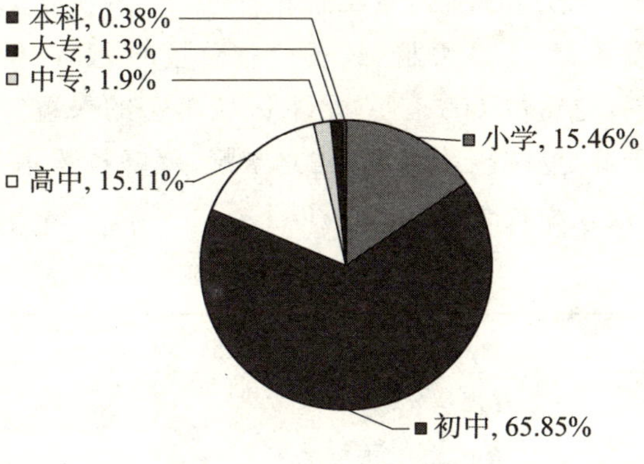

图 3　全省蜂农学历结构图

二、发展目标与规划布局

（一）发展目标

坚持高产、优质、高效、生态、安全的蜂业发展理念，以提高养蜂生产能力和推广普及蜜蜂授粉增产技术为重点，以培植产业区域优势、提升科技创新能力、优化产品结构为核，着力提升蜂业的标准化、组织化和产业化发展水平，建立和完善蜂产品质量监管体系，推动我省蜂业科学发展。到 2017 年，全省蜂群数量达到 45 万群，规模蜂场占比提高到 40%，年产蜂蜜 2.5 万吨，年产蜂王浆 200 吨，蜂产品产值达到 8 亿元，蜜蜂为农作物授粉增产效益 600 亿元；到 2020 年，全省蜂群数量达到 50 万群，规模蜂场占比提高到 60%，年产蜂蜜 4.0 万吨，年产蜂王浆 300 吨，蜂产品产值达到 12 亿元，蜜蜂为农作物授粉增产效益 1 000 亿元。

（二）规划布局

根据我省各地蜜粉源植物丰富程度、地理生态、养蜂生产状况及蜂产品企业分布，全省蜂业可划分为蜜蜂壁蜂授粉、养蜂生产、蜂产品加工出口、优质蜜源四大优势区域。

1. 蜜蜂、壁蜂授粉优势区。烟台、潍坊、青岛、淄博和日照 5 市，是果品和蔬菜生产的集中区域，目前苹果种植面积 400 余万亩，大樱桃种植面积 25 万亩左右，草莓种植面积 20 多万亩。2014 年本区西方蜜蜂存养量 15.7 万群，约占全省总量的 25%；壁蜂 5 亿只左右，约占全省总量的 80%。立足本区域丰富的果蔬资源优势和农民浓厚的蜜蜂、壁蜂授粉意识，建立蜜蜂、壁蜂授粉示范基地，蜜蜂、壁蜂为果蔬授粉覆盖率达 80% 以上。

表 3　蜜蜂、壁蜂授粉优势区域布局

市	县（市、区）
青岛	平度
淄博	博山、桓台、沂源
烟台	龙口、蓬莱、栖霞、招远、莱州
潍坊	寿光、青州、临朐
日照	莒县、五莲

2.养蜂生产优势区。潍坊、临沂、淄博、泰安、济宁和日照6市，是传统的养蜂生产区域，蜜粉源植物丰富，养蜂业相对发达。2014年本区蜂群存养量22.8万群，约占全省总量的62.3%。立足本区域发展养蜂生产的传统优势，扩大蜜蜂饲养量，力争2020年蜂群存养量达到35万群。

表4　　养蜂生产优势区域布局

市	县(市、区)
淄博	博山、沂源
潍坊	青州、临朐
济宁	任城、曲阜、兖州、嘉祥
泰安	岱岳、肥城、宁阳
日照	莒县、五莲
临沂	蒙阴、费县、沂水

3.蜂产品加工出口优势区。日照、济南、潍坊和枣庄4个市蜂产品企业相对集中，2014年蜂蜜、蜂王浆年加工贸易量约28 000吨和400吨，均占全省总量的80%以上。立足本区域雄厚的加工出口基础，实施品牌带动战略，建立严格的质量监管和追溯体系，重点培育壮大4个蜂产品龙头企业，辐射带动8个优质蜂产品生产基地。

表5　　蜂产品加工出口优势区域重点培育企业

市	企　业
济南	济南济泉黄岩蜂产品开发有限公司(历城区)
枣庄	山东枣庄海石花蜂业有限公司(峄城区)
潍坊	山东康宝蜂业有限公司(临朐县)
日照	山东华康蜂业有限公司(莒县)、山东华瀚蜂业有限公司(五莲县)

4.沿黄地区优质蜜源优势区。沿黄地区的东营、德州、聊城、滨州和菏泽5市，刺槐和枣树的栽植量均占全省的50%以上，一直是我省优质刺槐蜜、优质枣花蜜的生产地区。立足沿黄地区丰富

的刺槐和枣树资源优势，在本区域建设10个优质刺槐蜜和优质枣花蜜生产基地。同时，在适宜区域扩大刺槐、枣树种植面积，形成蜜源与蜂业良性发展的格局。

表6　　沿黄地区优质蜜源优势区域布局

市	县(市、区)
东营	垦利、利津
德州	乐陵、陵县
聊城	冠县、高唐
滨州	无棣、沾化
菏泽	巨野、曹县

三、重点任务

围绕蜂业“转方式、调结构、创优势”，着力开展八大重点工程建设，加快推动蜂业提质增效转型升级。

(一)实施经营体制创新工程。

1.积极培育新型经营主体。通过示范、扶持、服务、监管等措施，加快培育龙头企业、养蜂大户、专业合作社、行业协会、中介组织、供销社等新型经营主体和新型经济合作组织，建立“公司＋基地＋农户”“公司＋合作社”等蜂业产业化经营模式，进一步完善双方发展保障和利益分配机制。到2020年，力争使85％的养蜂场(户)纳入产业化经营体系。

2.切实提升产业组织化程度。引导和支持蜂农建立合作社，拓展合作社服务功能，规范运行方式，提高标准化、集约化养蜂水平。在淄博、东营、潍坊、济宁、泰安、临沂、德州、聊城、滨州和菏泽等市，支持每个市建设2个养蜂生产示范合作社；在烟台、潍坊、青岛、淄博和日照等市，支持每个市建设1个蜜蜂授粉示范合作社。努力形成以蜂农为基础、专业合作社为依托、蜂产品企业为龙头的蜂业产业化经营方式。有效利用供销社联系农民、熟悉市场的综合优势，引导有条件的供销社积极参与蜂业产业化经营，为生产者提供全方位服务。

3.充分发挥行业协会自律引导作用。建立健全市、县级蜂业协会组织,充分发挥行业协会熟悉行业、贴近企业的优势,加强和改进行业管理,在联系政府、服务行业、规范生产、培训蜂农、品牌推介、促进行业自律、推动行业交流等方面发挥更大作用。

4.不断提升蜂农职业化水平。大力发展养蜂大户等新型蜂业经营主体,积极开展从业者职业技能鉴定,加快培育新型职业蜂农队伍。综合运用技术培训、示范带动、标准化生产、机械化装备等多种措施,改善蜂农的生产生活条件,吸引更多高素质、高技能人才加入,增强蜂业发展活力。

(二)实施科技创新工程。紧紧围绕制约蜂业发展的技术"瓶颈"问题展开科技攻关,重点在蜜蜂饲养、蜂机具研发、病虫害防治、授粉增产技术、蜂产品研发、良种繁育推广、蜂产品质量控制等领域进行科研与技术推广,争取在蜜蜂优质高产配套选育及授粉蜂种的引进训化、蜜蜂代用蜂粮等方面实现较大突破。推进产学研有机结合,加强先进适用技术的推广,加速蜂业科技成果转化步伐。加强蜂业科技人才的培养,建立蜂业从业人员定期培训制度,每年培训蜂农 3 000 人次以上。

(三)实施龙头企业培育工程。通过加强政府扶持、鼓励联合兼并、支持产品开发、引导企业上市等措施,做大做强蜂业龙头企业,支持企业开展连锁经营、产销直挂、农超对接,不断延伸产业链条,增强市场竞争力。鼓励和支持工商业资本进入养蜂业或从事蜂产品加工,与养蜂户及专业合作社建立稳固的利益联结机制,提升带动发展能力。加快发展蜂业生态观光旅游和电子商务的步伐。

(四)实施示范基地创建工程。按照蜜蜂良种化、养殖设施化、生产规范化、防疫制度化的总体要求,规范养蜂场布局,推行养蜂生产各环节的标准化操作,实施蜂产品安全生产规程,提倡饲养强群，加强疫病防控，建立健全养殖档案和养蜂日志。扶持养蜂机械研发与生产，提高养蜂的机械化水平。在潍坊、临沂、淄博、泰安、济宁和日照等市，支持每市建设 5 个标准化机械化养蜂示范场，在东营、德州、聊城、滨州和菏泽等市，支持每市建设 3 个标准化机械化养蜂示范场，所生产的蜂蜜和蜂王浆全部达到国家标准。

（五）实施授粉增产工程。加快推广蜜蜂、壁蜂为农作物授粉增产技术的普及推广，开展授粉增产示范活动，在蜜蜂、壁蜂授粉优势区和养蜂生产优势区建立 11 个蜜蜂授粉示范基地（青岛、烟台、潍坊各 2 个，淄博、济宁、泰安、日照和临沂各 1 个），建设 35 个专业授粉示范蜂场（青岛、淄博、烟台、潍坊、济宁、泰安和临沂每个市 3 个，全省其他各市每市 1～2 个）。

（六）实施良种繁育建设工程。重点强化山东省蜂业良种繁育推广中心职能，完善提升 5～6 个种蜂场的保种育种条件，保障优质种蜂王供应，提高蜜蜂良种化水平。加强中华蜜蜂种质资源保护利用，建设 5 个中华蜜蜂种质资源保护区，由山东省蜂业良种繁育推广中心牵头建设 1 个山东省蜜蜂种质资源基因库。

（七）实施信息化建设工程。充分发挥互联网技术在行业管理中的作用，逐步建立起集蜜源植物、蜂群分布、企业信息、市场咨询、监督检验和品牌推介等为一体的省级蜂业数字化信息平台，为行业管理和技术指导提供支撑，加快推进我省蜂业的标准化、机械化和信息化发展。严格蜂药、蜂饲料等投入品使用管理，严把蜂产品原料、生产和检验关。完善蜂产品质量安全检测、监管、信息发布和质量追溯体系，建立蜂产品企业质量信用评估制度，提升蜂产品质量安全水平。

（八）实施名优品牌培育工程。以骨干蜂业加工企业为重点，以行业关键共性技术为突破口，加快发展并尽快形成一批规模实力更大、市场竞争力更强的优势骨干企业，打造名优产品品牌。重点扶持山东华康、山东康宝等 13 家省内知名蜂业企业，加大 17 个蜂产品品牌宣传推介力度，将其打造成为国内外著名品牌，提高国内外的市场占有率。

表 7　　　　重点蜂业加工企业及品牌

重点企业	重点品牌	主要产品
山东华康蜂业有限公司	嗡嗡乐	蜂蜜、蜂王浆、蜂胶
山东华瀚蜂业有限公司	嗡嗡乐	蜂蜜、蜂王浆、蜂胶
济宁陈宜斗蜂业有限公司	陈宜斗	蜂蜜、蜂花粉、蜂王浆、蜂蜜酒
济泉黄岩蜂产品开发有限公司	济泉、三代蜂农	蜂蜜、蜂花粉、蜂王浆
山东康宝蜂业有限公司	山旺、沂山康宝	蜂蜜、蜂胶、雄蜂蛹
枣庄海石花蜂业有限公司	海石花	蜂蜜、蜂胶、巢蜜
蒙阴深山蜜坊蜂业有限公司	蒙园、沂蒙蜜坊	蜂蜜、蜂王浆、蜂花粉、蜂胶
山东省沂源蒙山实业有限公司	蒙山	洋槐、荆条、土蜂蜜；蜂胶、蜂王浆
烟台福明蜂业有限公司	福明	蜂蜜、蜂胶、蜂王浆
山东博康蜂业有限公司	博康园	蜂蜜、蜂王浆、蜂王浆干粉
烟台甜园蜂产品有限公司	TECHYARD	蜂蜜、蜂花粉、蜂王浆
潍坊新潍蜂业有限公司	新潍	洋槐蜂蜜、白蜜、特浅蜂蜜、巢脾
龙口市蜂源饲料有限公司	粉霸、龙粉	蜜蜂饲料
青州市逄山蜜蜂园有限公司	逄山	蜂蜜、蜂王浆、蜂蜜酒

四、保障措施

（一）着力强化组织领导。建立蜂业产业发展协调推进机制，研究制定政策措施，统筹协调蜂业发展规划的组织实施。结合区域布局管理，立足各地资源禀赋，因地制宜探索建立健全蜂业发展指标考核体系，并将考核结果纳入各主产区政府现代农业发展考核体系。

（二）着力强化部门配合。畜牧部门要充分发挥主管部门职能，负责牵头协调，并切实加强对蜂业发展的指导和总体管理。林业部门负责抓好蜜粉源植物基地建设，协调提供放蜂场地。农业部门负责抓好蜜蜂和壁蜂授粉增产措施的组织实施，努力减少化学农药对蜂业的影响。发展改革、财政部门要加大基建资金和财政资金对蜂业发展的支持力度，做好项目实施和资金监督管理工作。科技部门要努力改善蜂业发展科技创新条件，提升科技支撑能力。其他相关部门也要根据各自职能范围，加强对蜂业发展的支持力度。

（三）着力强化政策扶持。

1. 切实加强基础设施建设。依托山东省蜂业信息网，加快开展省级蜂业数字化信息平台建设。将蜂业和蜜蜂良种选育推广纳入山东省特色畜牧业重点产业，强化资源保护和利用推广，支持建设中华蜜蜂保护区和保种场。大力推进养蜂移动平台建设，积极探索改进财政补贴的手段，提高蜂业生产机械化水平。

2. 不断加大资金扶持力度。以规模化蜂场建设、养蜂机械设备购置、蜜蜂授粉、蜜蜂良种培育、合作社发展等方面为重点，加大资金扶持力度，积极引导社会资本投入，形成多元化投入机制。在现代农业生产发展、特色产业发展、农业科技发展资金、标准化示范创建、动物疫病防控等相关资金安排上，适当向蜂业倾斜。扶持蜂业龙头企业改善生产和技术条件，提高精深加工水平，增强市场竞争力。

3. 积极开展金融创新试点。鼓励和支持保险机构开发适合蜂业生产的保险产品，降低蜂农生产经营风险。完善扶持引导机制，综合运用政府引导基金、先建后补、以奖代补等方式，强化组织实施，促进产业稳步发展。制定完善蜂产品优质优价收购政策，尽快出台成熟蜜地方标准，鼓励蜂农从事成熟蜜生产，树立山东蜂产品良好形象。

（四）着力强化宣传引导。积极发挥行业协会、龙头企业等作用，充分利用媒介会、广播、网络等各种形式，广泛宣传发动，有效调动群众的养蜂积极性。大力宣传引导蜂产品消费观念，充分宣传蜂产品对人类健康的作用以及蜜蜂、壁蜂授粉对农作物增产和促进生态农业发展的意义，积极宣传蜜蜂文化，不断营造全民爱蜂护蜂使用蜂产品良好氛围。

中共山东省委农村工作领导小组
关于加快我省蜂业发展的通知

鲁农发〔2016〕3号

各市、县(市、区)党委农村工作领导小组，省委农村工作领导小组成员单位：

2016年3月，省委农村工作领导小组副组长王军民在济宁召开蜂业发展座谈会，就贯彻落实《山东省蜂业发展规划(2014—2020年)》和《山东省蜂产业转型升级实施方案》，加快我省蜂业发展听取了有关方面的意见和建议。为抓好会议精神落实，推动我省蜂业持续健康发展，现就有关问题通知如下。

一、充分认识加快发展蜂业的重要意义

蜂业是农业和食品工业的重要组成部分，被誉为“健康产业”“空中农业”，既不与养殖业争饲料，又不与种植业争水土，仅利用自然界的百花资源，便可获得蜂蜜、蜂王浆、蜂胶等十多种蜂产品，还可以通过蜜蜂授粉，提高农作物品质，减少化学品使用量，对生态环境建设、人民群众健康、现代农业发展具有重要作用。我省是传统蜂业大省，省委、省政府高度重视蜂业发展，先后出台了《山东省蜂业发展规划(2014—2020年)》、《山东省蜂产业转型升级实施方案》等文件，持续加大对蜂业发展的支持力度，有力促进了全省蜂业发展，蜂产品产量不断增加，蜂产品种类日益丰富，形成了包括蜜蜂养殖、产品加工、机具生产、授粉应用等比较完整的产业链。当前，我国经济发展进入新常态，新常态下就要积极培育新动能、发展新经济。加快蜂业发展，对于培育农业新动能、建设现代农业，具有十分重要的意义。

（一）加快蜂业发展是深化农业供给侧结构性改革的重要举措。深入推进农业供给侧改革，是逐步化解农业生产与市场消费结构性矛盾，促进农业提质增效的关键举措。我省农业资源开发利用强度大，生产要素和资源环境约束逐步趋紧。蜜蜂被誉为“月下老人”，通过蜜蜂授粉等蜂业技术，能够在不增加设施投资的前提下，有效提高农作物产量和品质，并间接促进畜牧业发展，对加快农业供给侧结构性改革，培育农业发展新动能，实现农业特色产业双侧共振、协调发展具有重要的作用。

（二）加快蜂业发展是满足消费者健康品味提升的现实需求。蜂产品作为传统保健食品、绿色天然食品，对保障人民群众身体健康具有积极作用。随着人民生活水平提高和消费需求的个性化、差异化发展，蜂产品绿色、天然、健康的特色更加彰显，应用领域和需求空间进一步拓展。目前，我国人均蜂蜜年消费量约为 250 克，而韩国人均年消费量达到 600 克，德国人均年消费量为 1 000 克，蜂产品消费市场潜力巨大，在提升人民群众生活品质方面具有明显的比较优势。

（三）加快发展蜂业是维护生态、实现绿色发展的客观需要。蜂业是人类利用自然，人与自然和谐共赢的范式产业之一，世界上约有 16 万种由昆虫授粉的显花植物，其中依靠蜜蜂授粉的占 85%，发展蜂业对修复植被、改善生态，提升农业生产效率，减少农林业化学投入品使用，避免农药、化肥、生长激素等污染具有积极作用，是落实“创新、协调、绿色、开放、共享”发展理念的具体实践。通过推动蜂业发展，对我省以“敲开核桃”的方式全面贯彻五大发展理念，促进农业现代化具有重要的示范意义。

（四）加快发展蜂业有利于实现精准扶贫精准脱贫。实践证明，养蜂是扶贫脱贫的好路子。我省每平方千米拥有蜂群不到3群，而韩国养蜂密度每平方千米超过20群，我省发展养蜂的潜力很大。通过组织引导贫困户到养蜂基地培训，教会他们如何养蜂，给他们提供一些资金、蜂群、蜂箱等扶持，使他们比较容易地学会并从事养蜂行业，投资少，见效快，简便易行，有助于快速脱贫致富。

二、着力推动蜂业发展方式转变

坚持以提高蜂产品质量效益为核心，用现代发展理念引领蜂业，用现代科学技术装备蜂业，用现代产业体系提升蜂业，不断提高蜂业综合生产能力和竞争力。

（一）重视产品质量，强化安全管理。蜂产品多数是直接入口的食品，确保质量安全至关重要。质监部门和食品药品监督部门等要把蜂产品质量安全作为蜂业发展的关键，加强质量标准体系建设，及时启动全省蜂产品质量安全追溯管理，提升标准化生产水平，提高产品质量，确保“舌尖上的安全”。工商部门要完善市场体系，强化蜂产品市场监管，打击假冒伪劣，建立优质优价的良性市场秩序。

（二）实施品牌战略，培育骨干企业。大力推进蜂业品牌创建，以骨干蜂业加工企业为重点，以行业关键共性技术为突破口，积极支持山东华康、山东康宝等企业发展，培植出3到5个叫得响、家喻户晓的山东优质蜂产品品牌，形成一批规模实力大、市场竞争力强的优势骨干企业。加大蜂产品品牌宣传推介力度，打造国内外知名品牌，增强我省蜂业品牌信誉度，提高蜂产品市场占有率。

（三）加强科技创新，提高发展水平。经信、科技等部门要围绕制约蜂业发展的瓶颈问题，组织开展科技攻关，重点加强蜜蜂饲养、蜂机具研发、病虫害防治、授粉增产、蜂产品研发、良种繁育推广、蜂产品质量控制和蜂疗保健等方面的科研开发与技术推广，争取在蜜蜂优质高产配套选育、中华蜜蜂保护等方面实现较大突破。

加强蜂业产业技术体系建设，促进产学研紧密结合，联合开展关键技术、应急技术、共性技术、配套技术研究，推广先进适用技术，增强科技创新能力，提高科技进步对蜂业发展的贡献率。

（四）不断深化改革，培植市场主体。充分发挥市场配置资源的决定性作用，引导发展养蜂合作社、家庭蜂场、养蜂大户、蜂产品深加工企业等市场主体。鼓励工商资本进入蜂产业，引导企业兼并重组，加快要素资源整合，增强抵御风险能力。推进蜂业向上游、下游延伸，拉长产业链条，充分发挥蜂业提供蜜、浆、粉、胶等产品和蜂疗、体验等服务的经济功能。蜜蜂授粉对农业的增产效益是蜂产品价值的100余倍，美国蜜蜂存养量400多万群，其中用于商业租用授粉的在250万群以上。要充分发挥蜜蜂为蔬菜、果品等农林作物授粉的生态功能，承载蜂农就业收入和消费者健康的社会功能，提高蜂产业的附加值，促进一、二、三产业融合发展。

（五）创新发展模式，推进转型升级。加快产品创新、技术创新、经营理念创新和经营模式创新，推进规模化、标准化、设施化、集约化生产，推广应用养蜂车等先进蜂机具，搞好品种选育、疫病防控，调整生产布局，完善产品结构，提高蜂产品品质。积极采用电子商务等新型流通业态，加快物流体系建设，改进企业经营管理，提高流通效率，降低流通成本。

三、切实搞好蜂业发展的服务保障

（一）加强行业指导。畜牧兽医部门要充分发挥主管部门职能，负责牵头协调，切实加强对蜂业发展的指导和管理。发展改革委要继续实施好《山东省蜂业发展规划（2014—2020年）》，并不断加以完善和加强。农业部门负责抓好蜜蜂和壁蜂授粉增产措施的组织实施，努力减少化学农药对蜂业的影响。

（二）加强政策扶持。加强蜂产品质量监测、授粉增产示范、中华蜜蜂保护、蜂农生产等蜂业扶持政策创设和落实，进一步加大基建和财政资金投入力度。优化养蜂车等先进蜂机具补贴审批流程。金融保险系统要继续支持蜂业发展，探索推行蜜蜂良种补贴和蜂产业政策性保险。

（三）夯实发展基础。加强蜜粉源基地建设，加大蜜粉源植物监管和保护力度，旅游、林业等部门要研究制定允许蜂农进入景区、林区放蜂的政策措施，从源头上巩固蜂业发展的基础。促进产学研紧密结合，组织开展科技攻关，强化蜂农专业培训，提升蜂产业社会化组织水平。完善利益调节和分配机制，构建蜂业产业化经营体系。

（四）优化市场秩序。发挥行业协会等行业组织、团体的桥梁、纽带作用，加强行业自律。组织制修订行业标准，强化质量监督监测，搞好风险评估与预警，组织开展产品质量安全专项整治，严厉打击制售假劣蜂产品违法行为。

（五）营造良好氛围。利用多种形式和宣传平台，大力宣传蜂业发展成效，推广推介蜂业和蜂产品绿色健康的特色优势，不断拓展需求市场，营造全民爱蜂护蜂使用蜂产品的良好氛围。

中共山东省委农村工作领导小组

2016 年 5 月 3 日